Wieland Arlt

RISIKO- UND MONEY-MANAGEMENT – simplified

## TITEL DER SIMPLIFIED-BUCHREIHE

Wieland Arlt
**Risiko- und Money-Management**

Herbert Autengruber
**Aktienfonds für jedes Anlageziel**

Holger Bengs | Mike Bayer
**Investieren in Biotechnologie**

Norbert Betz | Ulrich Kirstein
**Börsenpsychologie**

Andreas Braun
**Social Trading**

Pierre M. Daeubner
**Alles, was Sie über Technische Analyse wissen müssen**

Ed Downs
**Die besten Chartmuster**

Georg Eckert
**Die Privatanlegerbibel**

Judith Engst
**Erben und vererben**

Horst Fugger
**Börsen-Lexikon**

Lars Gottwik
**Rainbow-Trading**

Peter Hasler
**Unternehmensanleihen**

Markus Jordan
**Zertifikate**

Jay Kaeppel
**Die 4 größten Fehler beim Handel mit Optionen**

Dennis Metz
**Devisenhandel**

Markus Miller
**Abgeltungssteuer – Nein danke!**

David Morgan
**Insiderwissen: Silber**

Dr. Klaus Mühlbauer
**Die 111 wichtigsten Fragen zur Vermögensanlage**

John J. Murphy
**Charttechnik leicht gemacht**

Mikael Henrik von Nauckhoff
**Sicher mit Anlagemetallen**

Melvin Pasternak
**Die 21 wichtigsten Candlestick-Formationen**

Richard Pfadenhauer
**Alles, was Sie über Derivate wissen müssen**

Michael J. Plos
**Alles, was Sie über Day-Trading wissen müssen**

Michael Proffe
**Die besten Trendfolgestrategien**

Stefan Riße
**CFDs**

Karin Roller
**Kursziele bestimmen mit Fibonacci**

Christopher A. Runge | Martin Užík | Konstantin von Reden-Lütcken
**Alternative Wege der Unternehmensfinanzierung**

Arne Sand | Max Schott
**Die besten Dividenden-Aktien**

Raimund Schriek
**Besser mit Behavioral Finance**

Daniel Schütz
**Trading für Einsteiger**

Daniel Schütz
**CFD-Trading**

Daniel Schütz
**Depotabsicherung**

Norman Schwarze
**Investieren in Gold**

André Tiedje
**Elliott-Wellen leicht verständlich**

Michael Vaupel
**Mehr Geld verdienen mit Rohstoffen**

Martin Voigtmann
**Geschlossene Fonds**

Harald Weygand
**Short Selling**

Daniel Wilhelmi
**Emerging Markets**

Daniel Wilhelmi
**BRIC ist die Zukunft**

www.simplified.de

Wieland Arlt

# RISIKO- UND MONEY-MANAGEMENT

FBV

simplified

Redaktion: Marion Reuter
Korrektorat: Bärbel Knill
Umschlaggestaltung: Vincent Herb, München
Umschlagabbildung: unter Verwendung von iStock-Bildern
Satz: Georg Stadler, München
Druck: Konrad Triltsch GmbH, Ochsenfurt
Printed in Germany

2. Auflage 2015

Nymphenburger Straße 86
D-80636 München
Tel.: 089 651285-0
Fax: 089 652096

Für Fragen und Anregungen:
**info@finanzbuchverlag.de**

Bibliografische Information der Deutschen Nationalbibliothek: Die Deutsche Nationalbibliothek verzeichnet diese Publikation in der Deutschen Nationalbibliografie; detaillierte bibliografische Daten sind im Internet über **http://d-nb.de** abrufbar.



ISBN Print 978-3-89879-860-0
ISBN E-Book (PDF) 978-3-86248-602-1
ISBN E-Book (EPUB, Mobi) 978-3-86248-603-8

simplified

# Inhalt

# Vorwort

Herzlichen Glückwunsch! Indem Sie die ersten Zeilen dieses Buches lesen, gehören Sie bereits zu dem Kreis der Investoren, die sich professionell und bewusst mit dem Thema Geldanlage und Trading beschäftigen!

Was gehört zu einer erfolgreichen Geldanlage dazu? Sicher, eine robuste Handelsstrategie, die Ihnen gewinnträchtige Möglichkeiten aufzeigt. Auch die Wahl des richtigen Finanzinstrumentes ist ein wesentlicher Bestandteil Ihres Erfolges. Der wichtigste Baustein einer erfolgreichen Geldanlage ist aber der bewusste Umgang mit dem Risiko und das Management des eigenen Kapitals. Das sind die Kennzeichen eines professionell im Markt agierenden Traders und Anlegers!

Obwohl Risiko-Management heute zum guten Ton im Trading gehört und jeder Anleger und Trader theoretisch mit dem Thema vertraut ist, ist es in der Praxis leider immer noch ein himmelweiter Unterschied, ob dieses nur verstanden oder aber verstanden und auch wirklich angewendet wird. Die erzielten Ergebnisse vieler Trader machen diesen Unterschied oftmals auf ernüchternde Weise deutlich. Der professionelle Umgang mit dem Risiko und die Entwicklung einer positiven Einstellung dazu machen folgerichtig den ersten Teil dieses Buches aus.

Erst nachdem wir uns intensiv mit einem professionellen Umgang mit Verlusten beschäftigt haben, können wir uns im nächsten Schritt über den professionellen Umgang mit Gewinnen unterhalten. Für einen erfolgreichen Trader ist beides wichtig. Denn früher reichte es vielleicht aus, nur die Verlustbegrenzung – also das Risiko-Management – im Trading zu berücksichtigen, doch heute ist es ebenso wichtig, sich auch über Gewinnmitnahmen Gedanken zu machen. Warum? Zum einen, weil die Finanzmärkte mittlerweile eine hohe Schwankungsbreite aufweisen und unvermittelt von Hochpunkten zu Tiefpunkten schnellen. Wo dann eben noch ein Buchgewinn zu verzeichnen war, kann im nächsten Moment bereits ein Verlust zu Buche stehen. Zum anderen, weil es manchmal eben nicht nur bei Schwankungen bleibt. Obwohl beispielsweise Aktien im Allgemeinen im Zeitverlauf immer gestiegen sind, gilt das eben nicht für alle Titel. Viele Unternehmen und deren Aktien sind im Laufe der Jahre sang- und klanglos vom Markt verschwunden. Und was wurde aus den zwischenzeitlich in den Depots aufgelaufenen Gewinnen?

Die Gedanken zu einem bewussten Umgang mit Gewinnen führen uns direkt zu einem professionellen Money-Management und schließen den ersten Teil des Buches ab.

Im zweiten Teil wollen wir das Risiko- und Money-Management um einige wichtige Elemente erweitern und die gewonnenen Erkenntnisse vertiefen: Um als Trader dauerhaft erfolgreich zu sein, ist es wichtig, den eigenen persönlichen Trading-Stil und die dazu passende Strategie zu finden und diese bewusst umzusetzen. Dazu gibt es in der Trading-Praxis eine schier unüberschaubare Anzahl an Handelsansätzen und Strategien. Was sie alle verbindet, ist, dass sie sich durch bestimmte Kennzahlen in ihrer Performance messen lassen, die nicht nur den erzielten Gewinn oder Verlust aufzeigen, sondern auch die Hintergründe eines gewählten Ansatzes oder einer umgesetzten Strategie verdeutlichen.

Ein Beispiel: Stellen Sie sich einen Trader vor, der mit seiner Strategie eine exzellente Trefferquote erzielt, seine Gewinne aber vorschnell mitnimmt. Jetzt stellen Sie sich einen anderen Trader vor, der mit der gleichen Strategie zwar das Einzelrisiko einer Position im Griff hat, dafür aber durch eine geringe Trefferquote ein zu hohes Gesamtrisiko eingeht. Obwohl beide Trader die gleiche Strategie verfolgen, müssen die Unterschiede in der Ausführung bei der Beurteilung der Performance entsprechend berücksichtigt werden.

Daraus ergibt sich für aktive Trader und Anleger eine wesentliche und elementare Fragestellung:

Wo genau sind die einzelnen Stellschrauben, die es uns erlauben, unsere Handelsansätze und Trading-Strategien mit unserem Kapital, unserer Erfahrung und unseren erzielten Kennzahlen so in Einklang zu bringen, dass wir in der Lage sind, dauerhaft positive Ergebnisse zu erzielen?

Die Beantwortung dieser Frage bringt uns direkt zu den Elementen eines professionellen Risiko- und Money-Managements. In der Verknüpfung muss es doch darum gehen, zum einen das Risiko effektiv zu begrenzen, und zum anderen die eigenen Trading-Ergebnisse individuell zu optimieren und die sich ergebenden Trading-Chancen damit zu potenzieren.

Mit der »Money-Management-Matrix« werden Sie in diesem Zusammenhang ein Instrument kennen und nutzen lernen, mit dem Sie ihre persönlichen Trading-Ergebnisse nachhaltig verbessern können. Die »Money-Management-Matrix« zeigt Ihnen die Elemente eines professionellen Risiko- und Money-Managements auf, mit denen Sie Ihr Trading auf Ihre individuellen Voraussetzungen einstellen können.

Auch erfahrene Trader werden an diesem Punkt neue Erkenntnisse und wichtige Ansätze für ihre persönliche Ergebnisverbesserung im Trading finden können.

Um Ihr Money-Management und damit die Gesamtheit Ihrer Trading-Ergebnisse zu verbessern, werden wir auch darauf eingehen, wie Sie Ihr Risiko Stück für Stück reduzieren und dabei Ihre aufgelaufenen Gewinne immer weiter absichern können. In diesem Zusammenhang werden wir auch einen schrittweisen Ein- und Ausstieg in und aus einer Position betrachten.

Auch über die Kombination verschiedener Zeitebenen können Sie Ihre Trading-Ergebnisse ebenso verbessern, wie über die schrittweise Vergrößerung einer bestehenden Position. Wie genau Sie hier unter Berücksichtigung der »Money-Management-Matrix« vorgehen können und welche Auswirkungen Sie damit auf Ihre Gesamtergebnisse erzielen, wird ebenfalls Bestandteil dieses Buches sein.

Damit Sie die Umsetzung der im Buch vorgestellten Ideen und Ansätze in der Praxis direkt und unmittelbar nachvollziehen können, werden wir diese regelmäßig auf drei verschiedene Kontogrößen anwenden und die entsprechenden praxisrelevanten Schlüsse daraus ziehen. Dabei kommen nicht nur verschiedene Trading-Stile zum Einsatz, sondern auch unterschiedliche Finanzprodukte.

Zusätzlich werden wir in diesem Buch auch einen Blick hinter die Kulissen des Geschehens werfen und uns mit Ihnen, liebe Leserin, lieber Leser, beschäftigen.

Denn hinter allen Anlage- und Trading-Entscheidungen stehen in letzter Konsequenz immer Sie. Aus diesem Grund ist es wichtig, dass diese Entscheidungen auf Ihren persönlichen Überzeugungen und Möglichkeiten beruhen. Nur dann können und werden Sie diese konsequent und beherzt umsetzen können. Um diese persönlichen Voraussetzungen herauszufinden, werden Sie im Buch regelmäßig aufgefordert, sich mit bestimmten Fragestellungen intensiv auseinanderzusetzen.

Lassen Sie uns deshalb direkt starten und die grundlegenden Elemente Ihres zukünftigen persönlichen Trading-Erfolges festlegen!

Wieland Arlt, im Frühjahr 2014

simplified

# Danksagung

Ich bedanke mich bei meiner Frau und meiner Familie für die intensive und unermüdliche Unterstützung während des Schreibens dieses Buches und insbesondere dafür, dass sie mir den Raum lassen, neue Ideen nicht nur zu haben, sondern auch umsetzen zu können!

Ich danke dem gesamten Team von WH Selfinvest für die freundliche Unterstützung, die professionelle Betreuung und den intensiven fachlichen Austausch.

WH selfinvest

# Teil 1:
# Auf dem Weg zum Börsenprofi

simplified

# Kapitel 1: Der Schlüssel zum Trading-Erfolg

Die wichtigste Voraussetzung, um dauerhaft im Trading erfolgreich zu sein, ist eine gesunde finanzielle Basis. Das ist ein elementarer Grundsatz. Natürlich ist es wichtig, diese finanzielle Basis nicht nur am Beginn der Trading-Karriere zu haben, sondern sie auch dauerhaft zu besitzen und zu erhalten. Denn ohne finanzielle Basis kein Trading. So einfach ist das. Oder etwa nicht?

## Was haben Risiko- und Money-Management mit erfolgreichem Trading zu tun?

Auch wenn es eine ausgemachte Sache ist, dass die unbedingte Voraussetzung für Trading das Vorhandensein von einsetzbarem Kapital ist, ist es wichtig, dass wir uns intensiv mit diesem Punkt beschäftigen.

Die erste Frage, die es an dieser Stelle zu klären gilt, ist, inwieweit uns ein professionelles Risiko- und Money-Management dabei nutzen kann, unsere finanzielle Basis zu erhalten und auszubauen. Die zweite Frage, die zu beantworten ist, besteht darin, ob es überhaupt einen Unterschied zwischen Risiko-Management und Money-Management gibt, und wenn ja, wo dieser liegt. Oftmals werden beide Begriffe ja sowohl für das eine wie auch das andere verwendet. Regelmäßig wird dann alles in einen Topf geworfen, nach dem Motto: Verluste begrenzen hat ja auch irgendwie mit Money-Management zu tun.

Für uns ist es an dieser Stelle erst einmal sinnvoll, die beiden Begriffe voneinander zu trennen und zunächst auch getrennt zu betrachten. Wir werden beide Begriffe im Laufe des Buches dann wieder zusammenführen.

Um eine konkrete Abgrenzung zwischen den beiden Begriffen zu erhalten, verstehen wir im Allgemeinen unter Risiko-Management die Betrachtung und Planung eines Trades beziehungsweise einer Position unter Risiko-Gesichtspunkten. So viel sei schon einmal verraten: Die Strategie »Alles auf eine Karte setzen« gehört nicht dazu. Vielmehr müssen Sie sich bei der Planung eines Trades genau überlegen, wie viel Sie wofür einsetzen wollen. Um Ihnen hier bereits ein Stichwort zu geben: Es geht dabei um Verlustbegrenzung und damit den Erhalt Ihrer finanziellen Basis.

Mit Money-Management verbinden wir ganz allgemein die gezielte Steuerung des Kapitaleinsatzes Ihrer Investitionen und die gleichzeitige optimale Planung der Gesamtheit Ihrer Trades mit dem Ziel, Ihre finanzielle Basis kontinuierlich zu vergrößern. Mit dem richtigen Money-Management können Sie Ihren Erfolg an der Börse von der finanziellen Seite her im Vorfeld planen und steuern. Lassen Sie sich überraschen, welche Möglichkeiten dabei auf Sie warten!

Das Bindeglied zwischen Risiko-Management und Money-Management ist die Antwort auf die Frage, wie viel überhaupt mit einem Trade oder einer Position erzielt werden kann, und wie das im Verhältnis zu dem möglichen potenziellen Verlust steht. Auch diesen Punkt werden wir intensiver besprechen und damit gleichzeitig beurteilen können, ob und inwieweit ein Trade überhaupt Sinn macht.

Um uns dem Risiko-Management weiter zu nähern, lassen Sie uns zunächst etwas ausholen und allgemeiner werden. Beschäftigen wir uns an dieser Stelle zunächst einmal ganz allgemein mit dem Grundsatz einer Investition. Was bedeutet es eigentlich, eine Investition zu tätigen? Warum investieren Sie? Was wollen Sie dadurch erreichen?

Wann immer Sie sich damit beschäftigen, eine Investition zu tätigen, werden Sie sich wahrscheinlich zuerst einmal fragen, was Sie aus dieser Investition zurückgewinnen können. Sie würden eine Investition sicher nicht ins Auge fassen, wenn Sie nichts dafür zurückbekämen, oder? Gleichzeitig werden Sie sich aber auch mit dem Risiko beschäftigen müssen, das untrennbar mit der Investition verbunden ist. Wir kennen das aus nahezu allen Lebensbereichen: Wo es eine Chance gibt, da gibt es meistens auch ein Risiko.

Wir können bereits so weit gehen und sagen, dass Sie, sobald Sie eine Investition tätigen, automatisch ein Risiko eingehen. Warum? Weil niemand in die Zukunft sehen kann. Sie investieren Ihre zur Verfügung stehenden Ressourcen und hoffen – mehr können Sie nicht tun – dass Ihre Investition aufgeht. Dass sie sich für Sie rentiert.

Ist es Ihnen aufgefallen? Wir sprechen hier im Übrigen gar nicht von »der Börse«, »dem Trading« oder »dem Anlegen«. Nein, wir sprechen hier ganz allgemein von einer Investition. Das kann in alle möglichen Richtungen gehen und muss noch nicht einmal materiell geschehen. Selbst wenn Sie einem guten Freund beim Umzug oder Ausräumen des Kellers helfen, ist das eine Investition – in Ihre Freundschaft. Und Sie erwarten bestimmt von Ihrem Freund, dass er Ihnen beim nächsten Umzug oder Aufbau eines Möbelstückes ebenso hilft. Das ist sozusagen die Rückzahlung Ihrer Investition; die Gewissheit, sich aufeinander verlassen zu können, ist die Rendite. Aber das ist ein anderes Thema. Worum es hier geht, ist, deutlich zu machen, dass wir letztlich alle regelmäßig investieren. Mehr oder weniger bewusst, aber wir tun es.

Wir investieren beispielsweise im Beruf Zeit in ein interessantes Projekt. Wir investieren auf privater Ebene Engagement im Training auf ein wichtiges Fußballspiel. Ja, wir investieren sogar in eine Freundschaft oder Beziehung …

… und wir investieren eben auch Kapital in vielversprechende Unternehmen oder Branchen.

Und was passiert, wenn eine getätigte Investition nicht aufgeht?

Bei allen Investitionen gehen wir ein Risiko ein. Nämlich, dass diese Investitionen scheitern und wir für die eingesetzten Ressourcen entweder nichts zurückbekommen oder unseren Einsatz im schlimmsten Fall gleich ganz verlieren: das Projekt wird eingestellt, das Fußballspiel geht verloren, die Freundschaft scheitert oder die Beziehung geht in die Brüche. Unsere investierten Ressourcen Zeit, Kraft und Energie sind verloren.

Natürlich konnten wir das nicht vorher wissen, sonst hätten wir uns nicht engagiert. Trotzdem war das Risiko des Scheiterns immer da, genauso wie die Chance auf einen positiven Ausgang: den Karriereschub nach dem erfolgreichen Projekt, die Meisterschaft nach dem Fußballspiel, die lebenslange Freundschaft oder Beziehung.

Sie sehen: Letztlich investieren wir regelmäßig in unserem Leben und hoffen, dass die von uns eingesetzten Ressourcen einen »Ertrag« bringen und sich unsere Investition für uns »rentiert«. Wir wissen natürlich aber auch, dass wir nicht immer »gewinnen« können. Dann heißt es schlicht, außer Spesen nichts gewesen.

Hand aufs Herz: Hindert uns das daran, uns das nächste Mal erneut gewissenhaft auf ein neues Projekt vorzubereiten, erneut intensiv für ein Fußballspiel zu trainieren, wieder neue freundschaftliche Bande zu knüpfen oder sogar eine neue Beziehung einzugehen? Nein, sicher nicht. Aber wir werden vielleicht etwas vorsichtiger, wählerischer oder konzentrierter. Vielleicht bereiten wir uns auch noch intensiver vor. Warum? Weil wir verhindern wollen, dass unser Engagement – unsere Investition – erneut scheitert. Wir betreiben hier im übertragenen Sinne Risiko-Management, um uns vor gravierenden und übermäßigen Fehlschlägen abzusichern.

Bevor wir jetzt zu tiefe philosophische Betrachtungen über das Leben anstellen, lassen Sie uns lieber auf den Kern des Buches zurückkommen und Ihre finanzielle Investition in ein vielversprechendes Unternehmen oder eine vielversprechende Branche betrachten.

Und auch hier ist es nicht selbstverständlich, dass Ihre Investition aufgeht: Das Unternehmen, in das Sie investiert haben, geht bankrott oder die gesamte Branche ist überholt. Im schlimmsten Fall ist Ihr Geld – Ihr eingesetztes Kapital – verloren.

Ob wir nun wollen oder nicht, diese »potenzielle Gefahr« liegt in der Natur einer jeden Investition. Und genau deshalb bekommen wir für unsere Investition ja auch etwas zurück, das über den Betrag der getätigten Investition hinausgeht. Da gibt es Zinsen oder Dividenden. Vielleicht locken auch noch zusätzliche Kursgewinne, damit sich unser eingegangenes Risiko lohnt. Und je höher das eingegangene Risiko ist, desto größer muss die Belohnung für uns Investoren sein.

Damit kommen wir direkt zu Ihnen: Warum investieren Sie? Warum traden Sie? Warum legen Sie Ihr Kapital an? Wahrscheinlich, um einen konkreten Gewinn daraus zu erzielen. Vielleicht erwarten Sie eine Dividende, vielleicht erwarten Sie Zinsen, möglicherweise aber auch Kursgewinne. Vielleicht auch alles zusammen.

Nehmen wir an dieser Stelle einfach mal an, dass Sie Aktien, Devisen oder Indizes handeln. Was haben dann Risiko- und Money-Management mit Ihrem erfolgreichen Investment – dem Trading – zu tun?

Allein durch Risiko-Management sind Sie bereits in der Lage, die Risiken, die bekanntlich immer mit einer Investition verbunden sind, zu kontrollieren. Risiko-Management ist der einzige Weg, um die mit einer Investition verbundene Unsicherheit in eine gewisse Sicherheit zu wandeln.

Und Money-Management? Was hat das damit zu tun? Ganz einfach: Während Risiko-Management Sie davor bewahrt, mit einer Investition im Trading Schiffbruch zu erleiden, unterstützt Sie ein geschicktes Money-Management dabei, Ihre Trades – Ihre Investitionen – insgesamt optimal zu steuern und Ihr Vermögen konsequent aufzubauen.

Beides ist in Kombination unerlässlich, um im Trading dauerhaft erfolgreich zu sein.

## Warum sind Risiko- und Money-Management für erfolgreiches Trading unerlässlich?

Sie haben sich sicher bereits schon intensiv mit den Börsen, Märkten, Kursen und Charts auseinandergesetzt und kennen die vielen verschiedenen Muster, die in einem Chart stecken. Vielleicht haben Sie die Märkte schon über einen längeren Zeitraum verfolgt oder gehandelt. Dann haben Sie sicher auch von den Zusammenbrüchen der Weltbörsen gehört oder diese sogar persönlich als Anleger oder Trader miterlebt.

Bevor wir hier fortfahren, lassen Sie uns ein paar Jahre zurückgehen. Damals, in der »guten alten Zeit«, konnten Empfehlungen wie »Kaufe eine Aktie, behalte sie und werde über die Jahre reich ...« ruhigen Gewissens umgesetzt werden. Das ganze Thema Risiko-Management wurde von vielen eher mit Argwohn betrachtet, da eine Aktie in Zeiten steigender Märkte, florierender Marktwirtschaften und sprudelnder Gewinne fast schon risikofrei war – wenn man sie entsprechend lange hielt. Anleger und Trader konnten das bis zur Jahrtausendwende komfortabel so handhaben. Das einzige Risiko bestand damals eher darin, in einem Markt oder einer Aktie nicht dabei zu sein.

Dann kam der »neue Markt« ... und es änderte sich alles!

Aus soliden Unternehmen wurden Pleitekandidaten, aus kleinen Garagenfirmen wurden hoch gehandelte Überflieger. Versprechen und Ideen waren mehr wert als konkrete Fakten und Zahlen. Das Thema Risiko-Management war komplett aus dem Fokus der Anleger geraten, im wahrsten Sinne des Worts »out«. Leider, wie wahrscheinlich mancher Anleger rückblickend sagt. Denn der Rest ist Geschichte:

Mit dem Zusammenbruch der Märkte kam alles unter die Räder, was handelbar war. Ob nun neuer oder alter Markt. Nahezu jede Aktie verlor dramatisch an Wert. Viele Unternehmen verschwanden komplett von der Bildfläche, einige andere sind zwar am Markt geblieben, haben sich bis zum heutigen Tage aber nicht mehr erholt.

Das zeigt sich eindrucksvoll am Beispiel des Deutschen Aktienindex oder kurz DAX, der innerhalb von drei Jahren mehr als 73 Prozent seines Wertes einbüßte.

***Abbildung 1: Deutscher Aktienindex – DAX in der Wochenchart-Darstellung (eine Kerze = eine Woche). Der Dax verlor ausgehend vom Allzeithoch im Jahr 2000 bei 8.136 Punkten bis zu seinem Tief im Jahr 2003 bei 2.188 Punkten 73,31 Prozent seines Wertes.***

Quelle: www.tradesignalonline.com[1]

Als die Märkte sich ab dem Jahr 2003 wieder erholten und auf den Weg zu neuen Hochs machten, war natürlich alles ganz anders. Der neue Markt war verschwunden und die verbliebenen Aktien und Märkte waren allesamt solide. Die internationalen Handelsbeziehungen waren auf dem Höhepunkt und in den »Emerging Markets« wurden bereits seit mehreren Jahren zweistellige Wachstumsraten pro Quartal ausgerufen. Der Euro war im Begriff, dem US-Dollar als Leitwährung die Position streitig zu machen, und durch sehr niedrige Zinsen konnten sich viele Menschen auch ohne Eigenkapital ihr eigenes Häuschen leisten …

[1] Tradesignal® ist eine eingetragene Marke der Tradesignal GmbH. Nicht autorisierte Nutzung oder Missbrauch ist ausdrücklich verboten.

Fast schon zu schön, um wahr zu sein … Und tatsächlich: Mit einem Paukenschlag brachen die Märkte sieben Jahre nach dem Crash um die Jahrtausendwende erneut zusammen. Ob Aktien oder Rohstoffe, es flog alles aus den Depots, was sich verkaufen ließ. In einer Kettenreaktion riss der eine Wert den anderen mit sich nach unten. Was am Ende zurückblieb, waren verstörte Anleger, verwüstete Depots sowie die Erkenntnis, dass es vielleicht doch ganz sinnvoll sein kann, das Risiko einer Investition zu begrenzen.

Lassen Sie uns hier ebenfalls einen Blick auf den Deutschen Aktienindex werfen, der sich stellvertretend für die Weltmärkte innerhalb von zwei Jahren mehr als halbiert hat.

***Abbildung 2: Deutscher Aktienindex – DAX in der Wochenchart-Darstellung (eine Kerze = eine Woche). Der DAX verlor ausgehend vom Allzeithoch im Jahre 2007 bei 8.151 Punkten bis zu seinem Tief im Jahr 2009 bei 3.588 Punkten 55,98 Prozent seines Wertes.***

Quelle: www.tradesignalonline.com

Vielleicht sagen Sie jetzt: »*Gut, das sind die Indizes und im Übrigen haben sich diese ja auch wieder erholt. Schließlich wurden 2013 bereits wieder neue Allzeithochs in den Indizes erreicht!*« Damit haben

Sie natürlich auch recht, zumindest teilweise. Ja, die Indizes haben sich wieder erholt, das – so weit können wir mittlerweile gehen – tun sie offensichtlich immer.

Aber: Wie sieht es denn mit den in den Indizes befindlichen Aktien aus? Haben die sich auch alle erholt?

Lassen wir einfach die Fakten sprechen: Am Beispiel der Allianz-Aktie, die als Standardwert unter vielen Anlegern gilt und als durchaus solides Investment gehandelt wird, können wir eindrucksvoll beobachten, dass sich seit dem Allzeithoch im Jahr 2000 bis zum Tief im Jahr 2003 ein Verlust von 90 Prozent aufgebaut hat. Auch wenn sich die Aktie im Jahr 2007 wieder bis an 180,29 Euro heranbewegt hat, ist sie immer noch nicht annähernd an dem Hoch aus dem Jahr 2000 bei 445 Euro angekommen. Ganz im Gegenteil. Mit dem zweiten Crash im Jahr 2008 auf 45,15 Euro verlor die Aktie erneut gute 75 Prozent ihres Wertes.

***Abbildung 3:** Allianz SE in der Monatschart-Darstellung (eine Kerze = ein Monat). Die Allianz-Aktie verlor ausgehend von ihrem Allzeithoch im Jahr 2000 bei 445 Euro bis zu ihrem Tief im Jahr 2003 bei 44,50 Euro 90 Prozent ihres Wertes. Bis zu ihrem nächsten Absturz im Jahr 2007 auf 45,15 Euro konnte sie sich auf 180,29 Euro erholen, bevor sie das Tief Ende 2008 mit 45,15 Euro erneut testete.*

Quelle: www.tradesignalonline.com

Im Vergleich dazu hat der Deutsche Aktienindex im Jahr 2007 ein neues Allzeithoch markiert und damit seine Verluste innerhalb von vier Jahren wieder ausgeglichen.

Es gibt natürlich noch weitere Gründe, das Risiko zu begrenzen. Denn es bedarf nicht immer eines weltweiten Börsencrashs, um eine Aktie ins Bodenlose fallen zu lassen. Meistens reicht schon eine Fehlbesetzung oder -entscheidung im Management eines Unternehmens. Aber auch Produktzyklen oder Modethemen können Aktien genauso schnell abstürzen lassen, wie sie sie in den Himmel gehoben haben.

Denken Sie beispielsweise an die gesamte Technikbranche und deren Protagonisten. So war die Aktie von Nokia einer der ganz heißen Kandidaten in den Anleger-Depots, bis der technische Fortschritt das Unternehmen überholte und der lange Abstieg begann.

Werfen wir hier wiederum einen Blick auf den Chart:

***Abbildung 4: Nokia Corp. in der Monatschart-Darstellung (eine Kerze = ein Monat). Die Nokia-Aktie verlor ausgehend von ihrem Allzeithoch im Jahr 2000 bei 65,30 Euro bis zu ihrem Tief im Jahr 2004 bei 8,85 Euro 86,45 Prozent ihres Wertes. Nach einer Zwischenerholung im Jahr 2007 auf 28,66 Euro fiel die Aktie weiter auf 1,33 Euro in 2012. Insgesamt verlor Nokia ausgehend vom Allzeithoch in 2000 97,96 Prozent ihres Wertes.***

Quelle: www.tradesignalonline.com

An dieser Stelle müssen wir uns doch zunächst einmal die Frage stellen, was bitteschön passieren muss, damit der Markt ein Unternehmen nach einem Kursverlust von mehr als 95 Prozent wieder mit den alten Höchstkursen bewertet. Die zweite Frage, die wir uns in diesem Zusammenhang noch stellen müssen, ist, in welchem Zeitraum das bitte passieren soll.

Diese beiden Werte waren selbstverständlich exemplarisch. Es gibt in allen Indizes eine Vielzahl ähnlicher Beispiele. Ohne die Analyse einzelner Werte weiter vertiefen zu wollen, sollte deutlich geworden sein, dass sich die Aktienindizes zwar regelmäßig wieder erholen und neue Hochpunkte markieren, einzelne Aktien daraus aber auch in Erholungsphasen weit entfernt von ihren Höchstständen bleiben können. Und zwar dauerhaft.

Wenn es um Investitionen geht, müssen wir uns immer wieder vor Augen führen, dass die Welt schnelllebig ist. Trends kommen und gehen. Und wenn sie erst einmal gegangen sind, dann kommen sie auch nicht wieder. Dann gibt es neue Themen, neue Ideen, neue Produkte, neue Märkte und neue Gewinner.

Leider wissen wir dieses mit absoluter Sicherheit immer erst im Nachhinein. Getreu dem Motto »Hinterher ist man immer schlauer« ist alles sonnenklar und für jeden ersichtlich. Letztlich wissen wir leider immer erst in der Rückschau, welche Titel echte Gewinner sind, und welche zu den dauerhaften Verlierern zählen.

Als Trader müssen Sie dies immer in Ihre Investitionen einplanen und das damit verbundene Risiko strikt begrenzen. Und es gibt noch eine weitere Seite der Betrachtung – und hier kommt das Money-Management ins Spiel: Genauso wenig, wie wir bereits im Vorfeld wissen, welche Investition zu den Verlierern zählt, können wir vorab wissen, welche der getätigten Investitionen zu einem echten Gewinner wird.

Wir wissen es einfach nicht. Trotz Indikatoren, trotz fundamentaler und charttechnischer Analyse. Wir können es nicht wissen. Deshalb ist es so wichtig, dass Sie Ihre Investitionen als Trader genau planen und sich auf alle Eventualitäten einstellen. Dazu gehört neben der Betrachtung des eventuellen Verlusts auch die Betrachtung eines eventuellen Gewinns. Beides ist wichtig, und beides ist für ein erfolgreiches und bewusstes Agieren an den Märkten unerlässlich.

## Wer sind Sie? Trader, Anleger und Investor oder Hasardeur?

Nun, da wir wissen, warum es eine gute Idee ist, sich mit Risiko- und Money-Management zu beschäftigen, können wir den Blick von den Märkten weg zunächst auf Sie richten. Erst wenn Sie wissen, wie Sie »gestrickt« sind, können Sie Ihr Risiko- und Money-Management so ausrichten, dass beides auch zu Ihnen passt und Sie buchstäblich damit leben können.

Also: Wer sind Sie – in Bezug auf Ihr Anlageverhalten? Haben Sie sich schon einmal eingehend damit beschäftigt, wie Sie an den Märkten handeln und agieren wollen? Ob Sie lieber kurzfristig schnelle Gewinne mitnehmen oder sich lieber langfristig an den Märkten engagieren wollen? Ob Sie auf dem Weg zum großen Ziel auch einmal Schwankungen aushalten können oder sich lieber mit kleinen Gewinnen zufriedengeben wollen?

Wenn Sie spontan keine Antwort auf diese Fragen haben, dann legen Sie bitte das Buch zunächst zur Seite und nehmen Sie sich bitte eingehend Zeit, um die Antworten darauf zu finden. Erst dann dürfen Sie weiterlesen!

Jetzt, da Sie die ersten Antworten für sich gefunden haben, können Sie sich anschließend die nächsten Fragen stellen, die über Ihre weitere Zukunft und Ihren Erfolg als Trader entscheiden:

> Will ich eher aggressiv oder defensiv handeln?

> Will ich eher kurzfristig oder langfristig agieren?

> Wie viel Erfahrung habe ich mit meiner Strategie in den von mir gehandelten Märkten?

> Was will ich mit meinem Handeln erreichen?

Genau hier, an diesem Punkt, beginnt Ihr Risiko- und Money-Management. Dazu benötigen Sie noch nicht einmal eine Aktie oder einen Markt. Sie benötigen zunächst einmal nur ein paar ruhige Minuten zur Selbstanalyse.

Mit Ihren Antworten auf diese Fragen entscheiden Sie darüber, wie Sie sich dem Markt nähern, und wie Sie im Markt agieren. Die Antworten entscheiden außerdem darüber, was Sie wie wann und wie lange handeln wollen. Und sie stellen Ihnen ein klares Ziel vor Augen, das Sie mit Ihrem Trading überhaupt erreichen wollen.

Letztlich entscheiden Ihre Antworten darüber, ob Sie erfolgreich am Markt handeln werden! Denn Ihre Antworten legen fest, wie Ihr Trading-Plan und Ihre Strategie ausgerichtet sein müssen, und mit welchem Trading-Stil Sie in den Märkten handeln.

Was bedeutet es denn beispielsweise, wenn Sie aggressiv handeln wollen? Wahrscheinlich sind Sie dann eher bereit, ein größeres Risiko in Kauf zu nehmen. Das kann zum Beispiel bedeuten, dass Sie einen Moment eher in den Markt einsteigen oder etwas mehr Risiko in Kauf nehmen, als das vielleicht ein defensiver Trader tun würde. Wenn Sie eher defensiv agieren, dann wollen Sie vielleicht noch eine Bestätigung im Markt sehen, dass Ihr Einstiegssignal tatsächlich gültig ist, bevor Sie einen Einstieg wagen.

Vielleicht sind Ihnen schnelle Erfolge wichtig. Dann wird es Ihnen unter Umständen schwerfallen, lange an einer Position festzuhalten, und Sie nehmen Ihre Gewinne regelmäßig schnell mit. Oder Sie wollen vielleicht nicht ganz so viele Positionen eingehen und diese dafür länger halten. Dann müssen Sie unter Umständen auch mit Schwankungen während des Engagements rechnen.

Möglicherweise beginnen Sie ja ganz frisch mit dem Trading. Dann ist alles neu und spannend für Sie. Sie wollen sich in allen Märkten und Produkten ausprobieren, um Ihren Weg erst einmal zu finden. Es kann natürlich aber auch sein, dass Sie ein alter Hase sind, der schon alles gesehen hat, was die Börse und die Märkte zu bieten haben. Sie haben Ihre Strategie, und die hat sich bewährt. Sie wissen, was auf Sie zukommt, und können jederzeit die Situation beherrschen.

Für unser weiteres Vorgehen ist es zweitrangig, welche Antworten Sie zu den oben gestellten Fragen für sich gefunden haben, solange Sie überhaupt Antworten gefunden haben. Setzen wir das für unser weiteres Vorgehen also voraus.

Um erfolgreich an den Märkten handeln zu können, müssen Sie einfach Ihre individuellen persönlichen Voraussetzungen kennen. Und auf diesen muss Ihr persönlicher Trading-Plan aufbauen.

Damit betrachten wir auch eine psychologische Komponente des Tradings. Machen Sie sich immer bewusst: Sie können nur erfolgreich in den Märkten agieren, wenn Sie eine für Sie und Ihre Bedürfnisse passende Strategie verfolgen. Denn nur dann haben Sie auch in schwierigen Marktphasen Vertrauen in diese und halten daran fest. Nur wenn Sie wissen, wie und warum Sie handeln, werden Sie Ihr Trading auch konsequent verfolgen. Das ist besonders in schwierigen Phasen essenziell.

Wo liegt die Verbindung zwischen dieser »inneren Selbstbetrachtung« und unserem Thema, dem Risiko- und Money-Management? Nun, zum einen werden wir später im Buch noch genauer auf diese einzelnen Punkte eingehen, zum anderen haben Ihre Antworten auch einen direkten Einfluss darauf, wie Sie Ihr Risiko- und Money-Management in Zukunft gestalten. Auch darauf werden wir im Verlauf des Buches regelmäßig zurückkommen.

Abschließend haben Sie sich vielleicht gefragt, warum Sie sich ein Ziel setzen müssen, das Sie mit Ihrem Trading erreichen wollen. Die Antwort hierauf ist ebenfalls einfach: Nur mit einem Ziel vor Augen können Sie dieses auch konsequent verfolgen und Ihre Strategie darauf ausrichten und auch beibehalten.

Haben Sie kein Ziel, sondern agieren an den Märkten nach dem Motto »Dabei sein ist alles«, dann werden Sie exakt auch nur das erreichen. Sie werden dabei sein. Die Gefahr ist groß, dass Sie ohne Ziel einmal getätigte Gewinne im nächsten Moment wieder abgeben. Einfach deshalb, weil Sie nicht wissen, was Sie erreichen wollen, und wann es dementsprechend Zeit für Sie ist, das Trading ruhen zu lassen. Machen Sie sich also im Vorfeld Ihres Tradings Gedanken darüber, was Sie erreichen wollen. Das bewahrt Sie davor, planlos an den Märkten herumzuspielen.

Deshalb nochmals die Empfehlung: Nehmen Sie sich ausreichend Zeit, um die gestellten Fragen abschließend für sich zu beantworten!

## Die Welt aus den Angeln heben: Welcher Trading-Stil passt zu Ihrem Handelskonto?

Wir hatten uns mit den Fragen nach Ihrer persönlichen Herangehensweise an das Trading an den Märkten beschäftigt.

So können wir uns noch individueller auf Ihre persönliche Situation einstellen und uns mit den verschiedenen Trading-Stilen beschäftigen, die Sie für Ihr Handeln nutzen können. Wir wollen uns die verschiedenen Trading-Stile anhand des Zeitraumes, in dem gehandelt wird, vorstellen und können dadurch vier Trading-Stile unterscheiden:

**POSITIONS-TRADING**: Von Positions-Trading sprechen wir, wenn Sie sich eine Aktie oder einen Titel kaufen und diesen über mehrere Wochen, Monate oder sogar mehrere Jahre halten. Die Ausrichtung ist trendfolgend und Ihr Ziel ist es, möglichst lange in einem bestehenden Trend zu bleiben. Die Chart-Analyse erfolgt langfristig über Wochen- und Tagescharts. Kurzfristige Schwankungen sind für Positions-Trader weniger relevant als der übergeordnete Trend. Auch eine Dividendenstrategie kann im Positions-Trading als Zusatzstrategie mit einfließen.

**SWING-TRADING**: Als Swing-Trading wollen wir Ihre Aktivitäten bezeichnen, wenn Sie sowohl mit dem Trend als auch gegen den Trend handeln. Ihr Ziel ist es, im Swing-Trading die einzelnen Schwünge, die ein Wert von einem Hoch- zu einem Tiefpunkt macht, zu begleiten. Ist die Bewegung abgeschlossen, lösen Sie Ihre Position auf. Dementsprechend beträgt Ihre Haltedauer mehrere Tage oder Wochen. Die charttechnische Analyse findet hauptsächlich im Tageschart statt. Ungeachtet dessen können Sie die Schwünge von einem Hoch zu einem Tief natürlich auch in kürzeren oder längeren Zeitfenstern verfolgen. Für unsere weitere Betrachtung soll sich das Swing-Trading aber in dem besprochenen Zeitraum bewegen.

**DAY-TRADING**: Von Day-Trading sprechen wir, wenn Sie planen, einen Wert nicht länger als ein paar Stunden zu halten. Positionen über Nacht sind möglich, wenn am einen Tag der Einstieg in eine Position gefunden wird und diese erst am folgenden Tag aufgelöst wird. Ihre charttechnische Analyse als Day-Trader findet im Stundenchart statt und wird durch den Tageschart ergänzt. Ob Sie im Day-Trading nun den Trend verfolgen oder gegen ihn handeln, bleibt dabei Ihnen überlassen.

**INTRADAY-TRADING**: Als Intraday-Trader sind Sie aktiv, wenn Sie am Tag mehrere Trades ausführen und Ihre Positionen einige Minuten bis Stunden halten. Eine Übernachtposition kommt für Sie als Intraday-Trader nicht infrage, Sie lösen alle Positionen spätestens zum Handelsschluss des Tages auf und stellen »glatt«. Ihre charttechnische Analyse findet überwiegend im Stunden-, 15-Minuten-, 5-Minuten- oder sogar 1-Minuten-Chart statt.

Sie können jetzt Ihre bereits festgehaltenen Antworten den vorgestellten Trading-Stilen zuordnen. Wenn Sie beispielsweise für sich festgestellt haben, dass Sie eher langfristig orientiert sind, dann kommt Intraday-Trading weniger für Sie infrage. Dafür kann das Positions- oder Swing-Trading eine mögliche Variante für Sie sein. Vielleicht wollen Sie schnell Ihre Gewinne mitnehmen – wer weiß schon, was morgen ist? Dann sind Sie wahrscheinlich im Intraday- oder Day-Trading gut aufgehoben. Oder Sie sagen sich, dass Sie auf jeden Fall gerne Ihre Gewinne mitnehmen, aber sich dafür nicht der Hektik des Tages aussetzen wollen. Dann sind Sie möglicherweise im Swing-Trading zu Hause.

Es ist auch immer eine Frage der zur Verfügung stehenden Zeit, die Sie für Ihr Trading investieren können oder wollen. Wenn Sie nur ein paar Stunden in der Woche oder gar am Wochenende zur Verfügung haben, dann ist das Intraday-Trading oder Day-Trading eher nichts für Sie. Es spricht aber nichts dagegen, als Swing-Trader auf Tageschart-Basis oder als Positions-Trader auf Wochenchart-Basis erfolgreich in den Märkten zu agieren.

Letztlich gibt es unzählige individuelle Varianten und Kombinationen, die Sie sich aus diesen vier Stilen zusammenstellen können. Wichtig ist bei allen, dass Sie Ihr Risiko- und Money-Management darauf ausrichten und die Planung eines Trades entsprechend gestalten.

An dieser Stelle können wir bereits festhalten, dass Swing-Trading oder Positions-Trading ein anderes Risiko- und Money-Management erfordern als Intraday- oder Day-Trading.

Da es zwischen Intraday-Trading und Day-Trading starke Parallelen gibt, werden wir diese beiden Stile zusammenfassen und für den Rest des Buches mit drei Stilen arbeiten: Day-Trading, Swing-Trading und Positions-Trading.

Damit Sie diese Stile praxisnah kennenlernen und erleben können, möchten sich drei Trader bei Ihnen vorstellen, die sich freundlicherweise bereiterklärt haben, uns an ihren Erfahrungen teilhaben zu lassen. Hierbei handelt es sich um Klaus, Martina und Peter. Jeder Einzelne wird einen anderen Stil handeln und das Trading auf seine ganz eigene Art durchführen. Dabei werden wir auch die persönlichen Hintergründe unserer drei Trader näher kennenlernen.

Am besten stellen sich die drei persönlich bei Ihnen vor:

> *»Hallo, ich bin Klaus und arbeite als selbstständiger Handelsvertreter. Ich bin 27 Jahre alt, ledig und habe gerade mein erstes Handelskonto eröffnet, auf das ich 5.000 Euro eingezahlt habe. Meine Erfahrungen im*

> *Trading beschränken sich auf grundsätzliche Kenntnisse der charttechnischen Analyse und das Beobachten anderer Trader im Internet. Während meines Arbeitstages verfüge ich regelmäßig über freie Zeit, muss aber immer wieder mal Telefonate mit meinen Kunden und Geschäftspartnern führen. Ich denke, dass ich als Day-Trader gut klarkomme. Mein Chartprogramm ist auf den Stundenchart eingestellt, und dort suche ich gezielt nach Chancen. Als monatliches Ziel habe ich mir einen Gewinn in Höhe von 500 Euro gesetzt. Ich würde mich als wagemutig bezeichnen, und meine Kunden kennen mich als Verkäufer mit Biss. Natürlich will ich diesen auch im Trading zeigen, weshalb ich mich eher als aggressiven Trader sehe. Für die Verwirklichung meines Vorhabens sehe ich im Devisenmarkt die besten Chancen für mich. Hierfür habe ich mein Konto bei einem Forex-Broker eingerichtet.«*

Das Trading-Ziel von Klaus ist mit 6.000 Euro oder 120 Prozent Gewinn im ersten Jahr natürlich sehr ambitioniert. Wir werden sehen, wie und ob er dieses erreichen kann.

> *»Liebe Leser, mein Name ist Martina. Ich habe vor Kurzem eine Erbschaft in Höhe von 25.000 Euro erhalten und stehe jetzt vor der Herausforderung, aus dem Geld ›etwas zu machen‹. Im Bereich Börse und Aktien kenne ich mich bereits gut aus und kann auf einige Jahre Erfahrung im Trading zurückblicken. Deshalb habe ich beschlossen, meinen finanziellen Erfolg in die eigenen Hände zu nehmen. Ich will den Betrag in voller Höhe zum Handeln nutzen. Obwohl ich bereits gute Erfahrungen im Trading habe, will ich defensiv im Markt agieren. Man weiß ja nie. Als Ziel will ich 5.000 Euro Gewinn – also 20 Prozent Zuwachs – im Jahr erwirtschaften.«*

Nach ihrem Trading-Stil gefragt, antwortete Martina, dass sie sich als Positions-Traderin engagieren will. Ihre Chartanalyse will sie im Wochenchart vornehmen, und dafür nimmt sie sich am Wochenende einige Stunden Zeit. Martina will sich alle Möglichkeiten offen halten und wird sowohl die Weltindizes als auch einzelne Aktien daraus analysieren und sie direkt an den jeweiligen Börsenplätzen handeln. Martina ist 35 Jahre alt und verheiratet.

> *»Guten Tag, mein Name ist Peter. Ich arbeite als Abteilungsleiter in einem großen Unternehmen und bin 48 Jahre jung. Als Führungskraft bin ich tagsüber ziemlich eingespannt, konnte aber dennoch in den letzten Monaten so einiges über das Thema Trading lesen und habe mit meiner Familie besprochen, ein Handelskonto in Höhe von 15.000 Euro bei einer Direktbank zu eröffnen. Ein erster Test mit einem Demo-Konto lief bereits gut, und ich traue mir zu, mit Swing-Trading so um die 10 bis 15 Prozent Gewinn im Jahr zu erzielen. Als verantwortungsvoller Vater von zwei Kindern will ich das Trading defensiv angehen. Mit meiner Familie habe ich abgesprochen, dass ich jeden Abend eine Stunde Zeit bekomme, um mich um meine Positionen zu kümmern. Meine charttechnische Analyse findet im Tageschart statt. Für mein Trading nutze ich Hebelzertifikate.«*

In konkreten Zahlen ausgedrückt, liegt Peters Trading-Ziel bei 1.500 Euro bis 2.250 Euro Gewinn im ersten Jahr. Auch hier werden wir sehen, wie Peter sein Risiko- und Money-Management zur Erreichung seiner Ziele anwendet.

Martina, Klaus und Peter werden uns ab jetzt begleiten und sind so freundlich, uns regelmäßig an ihren Ideen, Erfahrungen und Überlegungen teilhaben zu lassen.

Damit können wir unsere vorbereitenden Überlegungen abschließen und den nächsten Schritt in Richtung professionelles Risiko-Management gehen.

Das Wichtigste in Kürze zusammengefasst:

> Risiko-Management und Money-Management sind zwei voneinander getrennt zu betrachtende Begriffe.

> Risiko-Management dient der Verlustbegrenzung.

> Money-Management umfasst die Steuerung und Verbesserung der Trading-Ergebnisse durch gezielte Planung des Kapitaleinsatzes und weiterer Elemente.

> Investitionen sind immer mit einem Risiko des Scheiterns verbunden. Risiko-Management unterstützt Sie dabei, dieses Risiko zu begrenzen.

> Obwohl sich Aktienindizes nach Einbrüchen regelmäßig über den Zeitverlauf erholen, gilt das nicht für alle darin befindlichen Werte. Oftmals bleiben Aktien nach einem Zusammenbruch über einen langen Zeitraum hinter ihren Hochpunkten zurück. Risiko-Management verhindert ein Festhalten an schwachen Werten und macht den Weg frei für Investitionen in neue potenzielle Gewinner.

> Aktien können mit einem Index zusammen abstürzen, aber auch aus Eigenantrieb. Gerade die charttechnische Analyse kann Ihnen hier helfen, hohe Verluste zu vermeiden und einen rechtzeitigen Ausstieg aus Verlustpositionen zu finden.

> Bevor Sie ein Handelskonto eröffnen und sich in die Märkte begeben, ist es notwendig, sich selbst zu kennen. Nur wenn Sie wissen, wo Ihre persönlichen Stärken und Vorlieben im Handel liegen, können Sie Ihr Trading darauf aufbauen. Auch das gehört zu einem professionellen Risiko-Management.

> Die Wahl des passenden Trading-Stils gehört ebenfalls dazu. Ob Sie im lang- oder kurzfristigen Zeitrahmen handeln wollen, ist Ihre individuelle Entscheidung und hat Auswirkungen auf die Ausgestaltung Ihres Risiko- und Money-Managements.

# Kapitel 2: Risiko-Management

Die Beispiele aus dem vorangegangenen Kapitel sollten genügen, um deutlich zu machen, dass Sie im Trading um eine professionelle Risikobegrenzung nicht herumkommen. In schnelllebigen Zeiten, in denen eine Investmententscheidung regelmäßiger Überprüfung bedarf, müssen Sie sicherstellen, dass Sie nicht unvermittelt einen langfristigen und dauerhaften Verlustbringer im Depot haben.

Doch wie können Sie das sicherstellen? Wie können Sie einen solchen »Performance-Killer« identifizieren?

Sicher, da gibt es Methoden in der fundamentalen und insbesondere in der charttechnischen Analyse, die einen langfristigen Verlierer andeuten können. Wenn beispielsweise eine Produktneueinführung eines Unternehmens scheitert oder die Geschäftszahlen mehrere Quartale hintereinander schlechter als erwartet ausfallen, dann ist es aus fundamentaler Sicht zumindest ratsam, sich die Aktie genauer anzuschauen und zu überprüfen, inwieweit ein Engagement überhaupt noch Sinn macht. Leider hat die Aktie in einem solchen Fall regelmäßig bereits ein gutes Stück Abwärtsstrecke hinter sich gebracht. Wer also darauf wartet, dass die Fundamentaldaten eines Unternehmens eine klare Sprache sprechen, wird oftmals eine böse Überraschung erleben und im Zweifel herbe Verluste einstecken müssen, bevor er die Notbremse zieht und die Aktie aus dem Depot entfernt.

Vielleicht gibt die charttechnische Analyse ja bessere und schnellere Hinweise darauf, wenn ein Markt, eine Aktie oder ein Wertpapier allgemein sich auf den Weg nach Süden macht. Und in der Tat, da gibt es viele Hinweise, die hier und da eine Andeutung machen. So kann das Unterschreiten einer wichtigen Unterstützung oder die

Ausbildung einer Top-Formation ein erstes Signal sein, das sinkende Schiff zu verlassen. Eine Schulter-Kopf-Schulter-Formation gibt beispielsweise deutliche Hinweise darauf, dass mit einem Wert etwas nicht mehr stimmt. Wenn der Markt erste Schwächen zeigt und nach einem Hoch kein weiteres neues Hoch mehr erreicht, werden die ersten Anleger nervös. Unterschreitet eine Aktie dann auch noch eine wichtige Unterstützung, dann ist die Wahrscheinlichkeit groß, dass es zumindest kurzfristig weiter abwärts geht.

Schauen wir uns dazu einen Chart mit einer typischen Schulter-Kopf-Schulter-Formation an:

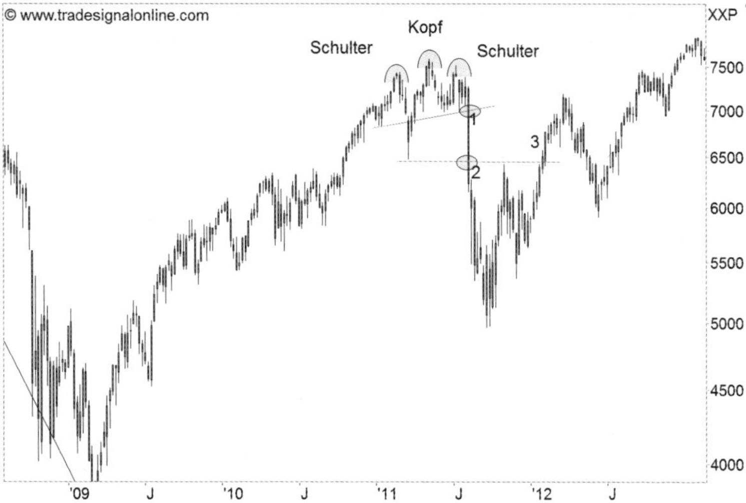


***Abbildung 5: Deutscher Aktienindex – DAX in der Wochenchart-Darstellung (eine Kerze = eine Woche). Der DAX steigt ausgehend vom Tief im Jahr 2009 bei 3.588 Punkten bis zu seinem Hoch im Jahr 2011 bei 7.600 Punkten. Dort bildet er einen Kopf aus, der nur geringfügig höher ist als das vorhergehende Hoch – die linke Schulter. Als der DAX kein neues Hoch schafft, bildet sich die rechte Schulter aus. Mit Durchbrechen der Nackenlinie an Punkt 1 beginnt der Abverkauf auf 4.965 Punkte. Der DAX verliert rund 35 Prozent seines Wertes innerhalb von vier Monaten. Erst dann stabilisiert sich der DAX und beginnt eine neue Rallye auf ein neues Allzeithoch.***

Quelle: www.tradesignalonline.com

Wir sehen, dass der DAX sich seit 2009 in einem Aufwärtstrend befindet. Nach einem steten und direkten Anstieg fällt der DAX zurück, steigt wieder an und bildet ein neues Hoch. So weit, so gut. Das passt auch zum Gesamtbild. Dann allerdings passiert etwas, was nicht ins Gesamtbild passt. Der DAX fällt ab, beginnt wieder zu steigen und bildet auf einmal kein neues Hoch mehr. In diesem Moment wird Charttechnik erst richtig interessant! Wir können an dieser Stelle ruhig ein bisschen interpretieren. Was passiert wohl in den Köpfen der Anleger? Nach einem Anstieg über mehrere Monate beziehungsweise Jahre auf einmal kein neues Hoch?! Im Bereich des Allzeithochs?! Was ist da los?!

Wir müssen keine Hellseher sein, um zu wissen, dass eine Reaktion an diesem Punkt zumindest wahrscheinlich ist. Vorsicht ist jetzt mehr als angebracht! Und tatsächlich: Gemäß der Börsenregel »Was nicht steigen kann, muss fallen« macht der DAX sich auf den Weg in Richtung Süden. Er durchbricht erst die Unterstützung bei Punkt 1 und dann die Unterstützung bei Punkt 2.

Legen wir an dieser Stelle eine Pause ein und betrachten die Fakten:

1. Der Markt schafft es nicht, ein neues Hoch zu markieren, sondern prallt im Bereich des Allzeithochs wieder ab.

2. Nach einer langen Rallye kommt der Kurs ins Stocken und die erste wichtige Unterstützung wird durchbrochen.

Was wäre Ihre Reaktion? Womit rechnen Sie? Was ist nach den Erfahrungen aus den Jahren 2000 und 2007 Ihr erster Impuls?

So denken viele! Nachdem der Punkt 2 durchbrochen wurde, ging es noch einmal deutlich abwärts. Anleger haben sich von ihren Engagements getrennt und es sind zusätzlich Leerverkäufer in den Markt eingetreten. Beides sorgte dafür, dass der DAX innerhalb weniger Monate bis unter 5.000 Punkte zurückfiel.

Kann Charttechnik also Hinweise auf Trendwenden liefern? Ja, das kann sie! Allerdings sind es eben nur Hinweise. Wir sehen nämlich auch, dass der DAX direkt im Anschluss an den Ausverkauf wieder angestiegen ist und im Zuge dessen ein neues Allzeithoch erreicht hat.

Also doch lieber an der Position festhalten? Verluste aussitzen? Offensichtlich geht es ja doch immer wieder aufwärts! Hier müssen wir an unser Risiko-Management denken. Nach den Erfahrungen aus der Vergangenheit: Wer konnte im Vorfeld sagen, wo der Ausverkauf endet? Wir können nicht in die Zukunft sehen und müssen uns dementsprechend gegen elementare Verluste absichern.

Deshalb kann es in solchen Situationen nur eine Empfehlung an Sie geben: Raus aus dem Markt!

Risiko-Management bedeutet in erster Linie Verlustbegrenzung. Und wer beispielsweise an Punkt 1 oder auch an Punkt 2 seine Engagements aufgelöst hat, hat sich einen großen Teil der Verluste gespart. Und ein gesparter Verlust ist in dem Sinne dann auch ein Gewinn!

Warum genau ist es besser auszusteigen, als in der Position zu verharren und auf bessere Zeiten zu hoffen? Weil wir einfach nicht wissen, wie weit ein Ausverkauf geht und wann endlich die Erholung eintritt.

Auf diese Weise halten Sie Ihr wertvolles Handelskapital zusammen, das letztlich die Basis Ihres Tradings darstellt.

Denken wir noch einen Schritt weiter: Sie betreiben ein striktes Risiko-Management und sind vielleicht an Punkt 1 oder 2 aus dem Markt ausgestiegen. Im Zuge Ihrer regelmäßigen Marktanalyse stellen Sie dann fest, dass der Ausverkauf doch nicht so weit gegangen ist wie von Ihnen befürchtet. Wer soll Sie daran hindern, nach den ersten Zeichen einer Erholung wieder einzusteigen? Eine erste Gelegenheit hierzu befindet sich beispielsweise an Punkt 3.

Nochmals: Risiko-Management heißt Verlustbegrenzung!

# Plane deinen Trade und trade deinen Plan! Welche Elemente sind für das Risiko-Management wichtig?

Nachdem Sie jetzt so intensiv auf Verlustbegrenzung und Risiko-Management eingestimmt sind, ist es wichtig, nach den allgemeinen Betrachtungen die Dinge zu konkretisieren. Der erste Schritt in Richtung professionelles Risiko-Management ist die entsprechende Planung eines Trades unter Risiko-Aspekten. Damit Sie einen Eindruck davon bekommen, was Risiko im Trading überhaupt bedeutet, und in welcher Höhe sich ein solches Risiko bewegen darf, werfen Sie bitte einen Blick auf die folgende Tabelle:

| Verlust | Erholung |
|---|---|
| 10 % | 11 % |
| 20 % | 25 % |
| 30 % | 43 % |
| 40 % | 67 % |
| 50 % | 100 % |
| 60 % | 150 % |
| 70 % | 233 % |
| 80 % | 400 % |
| 90 % | 900 % |
| 95 % | 1900 % |

*Abbildung 6: Der lange Weg zurück. Wo ein erster geringer Verlust ohne sonderlichen Aufwand wieder aufgeholt werden kann, beginnt sich das Blatt mit zunehmenden Verlusten zu wenden. Sind die 50 Prozent erst einmal überschritten, müssen Sie mindestens 100 Prozent Gewinn erzielen, um wieder am Ausgangspunkt anzukommen. Haben Sie 95 Prozent Ihres Handelskontos verloren, dann benötigen Sie 1.900 Prozent Gewinn, um wieder bei null anzukommen.*

Was sagt uns diese Tabelle? Wir wissen mittlerweile, dass es im Trading nicht nur darum geht, Gewinne zu erzielen. Es gehören immer auch Verluste zum Trading. Das ist unvermeidbar und einfach ein Teil des Geschäftes – sozusagen die laufenden Kosten. Wie wir es von guten Kaufleuten kennen, ist es auch für uns wichtig, die Kosten so gering wie möglich zu halten. Denn was es bedeutet, wenn die Kosten aus dem Ruder laufen, die Verluste also überhandnehmen, das können Sie in der Tabelle ablesen.

Nehmen wir einmal an, Sie besitzen ein Handelskonto mit 10.000 Euro Einlage und investieren diese 10.000 Euro in einen einzigen Aktientitel. Trotz sorgfältiger Planung müssen Sie einen Verlust von 10 Prozent bei diesem einen Aktientitel hinnehmen. Was bedeutet das für Ihr Handelskonto? Sie haben nach dem Verlust von 10 Prozent genau 1.000 Euro eingebüßt, die Ihnen jetzt auf Ihrem Handelskonto fehlen. Das heißt, dass Ihnen für den nächsten Kauf nur noch 9.000 Euro zur Verfügung stehen. Sie kaufen also den nächsten Aktientitel für insgesamt 9.000 Euro. Dieses Mal stehen Sie auf der richtigen Seite und erzielen mit Ihrem Engagement einen Gewinn von 11 Prozent. Durch diesen 11-Prozent-Gewinn können Sie Ihren Verlust wieder ausgleichen und sind wieder am Ausgangspunkt Ihres Kontos angekommen.[2] Mit einem Verlust von 10 Prozent im Rücken im nächsten Schritt einen Gewinn in Höhe von 11 Prozent zu erzielen und damit wieder zurück auf den Ausgangswert zu kommen, ist überschaubar und im Rahmen des Möglichen. Auch bei einem Verlust in Höhe von 20 Prozent können wir davon ausgehen, dass ein halbwegs geschickter Trader sich davon nicht aus der Ruhe bringen lässt und diesen Verlust in angemessener Zeit wieder ausgleichen kann. Ab einem 30-Prozent-Verlust sieht es aber langsam schon anders aus. Je weiter Sie in die Verlustzone geraten, desto größer wird die Herausforderung, hieraus wieder hervorzukommen und das Handelskonto zumindest wieder auszugleichen. Schon ein Verlust von 50 Prozent – ob mit einem Trade oder in Summe – bedeutet, dass Sie Ihr Handelskonto verdoppeln müssen, um wieder auf den Ausgangswert zu kommen.

---

[2] Bitte beachten Sie, dass es nicht genau 1.000 Euro Gewinn sind, sondern 990 Euro. Genau genommen ist der Prozentsatz zur Erholung 11 Prozent. Lassen Sie uns hier der Einfachheit halber abrunden. An den grundsätzlichen Erkenntnissen ändert das nichts, und wir halten die Dinge einfacher. Im Übrigen haben wir auch sämtliche Transaktionskosten für unsere Betrachtung außen vor gelassen.

Angenommen, Ihnen gelingt dieses, dann stellt sich uns natürlich sofort die Frage, warum Sie Ihr Konto nicht gleich von Anfang an verdoppelt haben?!

Je weiter Sie in die Verlustzone geraten, desto schwerer wird der Weg zurück, und Sie geraten immer tiefer in die Handlungsunfähigkeit. Haben Sie erst einmal 80 Prozent Ihres Handelskontos verloren, müssen Sie ein Plus von 400 Prozent erwirtschaften, um wieder auszugleichen. Auf Ihr Konto mit den ursprünglichen 10.000 Euro bezogen bedeutet das, dass Sie mit 2.000 Euro Bestand einen Gewinn von 8.000 Euro erwirtschaften müssen. Eine reife Leistung, die Sie auf jeden Fall in den Kreis der Top-Trader aufnehmen wird.

Wenn das schon unmöglich erscheint, dann wird es in dem Bereich ab einem 90-Prozent-Verlust sogar utopisch. Wer da mit dem Rücken an der Wand noch 900 Prozent oder sogar 1.900 Prozent Gewinn erzielt, gehört in den Olymp der Trader.

Aber Scherz beiseite, das Ganze hat einen sehr ernsten Hintergrund. Die Erkenntnis hieraus ist, dass Sie unter allen Umständen vermeiden müssen, tiefer als 30 Prozent in die Verlustzone zu rutschen. Tatsächlich bleiben Sie lieber oberhalb der Verlustgrenze von 20 Prozent. Um bei unserem Beispiel zu bleiben, besteht die Herausforderung für Sie dann »nur« darin, mit 8.000 Euro einen Gewinn von 2.000 Euro zu erzielen.

Aus diesem Grund ist der wesentliche Faktor des Risiko-Managements das jeweils einzugehende Risiko. Lassen Sie uns das gleich in die Praxis übertragen: Beantworten Sie sich die folgende Frage und seien Sie bitte ehrlich zu sich selbst:

**Wie viel Risiko bin ich bereit, pro Trade oder Position einzugehen?**

Natürlich gibt es hierfür Formeln und Faustregeln, die wir uns weiter unten auch noch anschauen werden. Jetzt geht es aber in erster Linie darum, dass Sie einen Betrag für sich festlegen, der für Sie stimmig ist. Das ist eine rein individuelle Antwort, die mit Ihrem persönlichen Wohlbefinden zu tun hat, und das hat auch seinen Grund.

Der von Ihnen genannte Betrag ist nämlich im Verlustfall weg von Ihrem Konto und wird als Verlust verbucht. Das bedeutet, dass Sie für diesen Betrag keine neue Aktie mehr kaufen können. Das bedeutet, dass Sie von diesem Betrag nicht mehr in den Urlaub fahren können. Das bedeutet auch, dass Ihnen dieser Betrag im Zweifel für Ihre persönlichen Bedürfnisse fehlt.

Wenn Sie jetzt bereits Bauchschmerzen bekommen, dann ist das gut so. Denn es ist gut, sich in der Vorbereitung intensive Gedanken zu machen und dann bewusst zu agieren. Falls Sie sich also in irgendeiner Weise Sorgen um Ihr Kapital machen: Niemand zwingt Sie, im Trading das Risiko voll auszureizen.

Nur wenn Sie einen Betrag wählen, der zu Ihnen passt und den Sie im Verlustfall auch verkraften können, können Sie sicher sein, dass Sie im Moment der Positionseröffnung auch beherzt den Trade eingehen. Und nur mit dem für Sie richtigen Risikobetrag sind Sie mental in der Lage, im Verlustfall ruhig und besonnen die Situation zu analysieren und weitere professionelle Entscheidungen zu treffen.

Also sicherheitshalber noch einmal: Wie viel Risiko sind Sie bereit pro Trade einzugehen?

Selbstverständlich gibt es auch eine konkrete Variante der Bestimmung des einzugehenden Risikos, die im Idealfall im Ergebnis auch mit Ihren Überlegungen übereinstimmt. Hierzu müssen wir uns Ihre gesamte finanzielle Situation anschauen. Für die Bestimmung eines optimalen Risikobetrages brauchen wir einen konkreten Überblick über Ihr Vermögen. Wobei die Definition von Vermögen in der Praxis ziemlich weitreichend ist. Es gibt Stimmen, die Immobilien, Versicherungen, Schmuck und sonstige Wertgegenstände zum Vermögen rechnen. Das ist sicher für den Begriff Vermögen korrekt, bringt uns hier in unseren Betrachtungen aber nicht weiter.

Für unsere Zwecke wollen wir uns deshalb mit Ihrem gesamten liquiden Vermögen beschäftigen:

> Wie viele liquide Mittel stehen Ihnen für Ihr Trading zur Verfügung?

> Wie viel davon wollen Sie für Ihr Trading nutzen und auf Ihr Handelskonto einzahlen?

Diese zweigeteilte Betrachtung von Handelskonto auf der einen Seite und weiteren liquiden Mitteln in Reserve auf der anderen Seite macht zum Beispiel dann Sinn, wenn Sie Ihr Handelskonto nicht zu 100 Prozent mit Ihrem Barvermögen bestücken wollen, aber grundsätzlich bereit sind, dieses einzusetzen.

Lassen Sie uns an diesem Punkt sicherstellen, dass Sie nur das Barvermögen für das Trading einsetzen, das Sie im schlimmsten Falle auch entbehren können.

Setzen Sie in diesem Zusammenhang unter keinen Umständen alles auf eine Karte, sondern behalten Sie sich immer eine Liquiditätsreserve, mit der Sie im Notfall Ihr Trading noch einmal von vorne starten können. Behalten Sie dabei unbedingt immer auch Ihre persönliche Altersvorsorge im Auge. Auch das gehört zu einem professionellen Risiko- und Money-Management!

Nehmen wir also an, Sie haben Ihr liquides Barvermögen genau erfasst und Sie haben den für das Trading reservierten Teil auf Ihrem Handelskonto liegen. Nehmen wir weiter an, Sie haben auf Ihrem Handelskonto die bereits genannten 10.000 Euro eingezahlt. Diese 10.000 Euro bilden ab jetzt die Basis für unsere weiteren Überlegungen.

In der Praxis hat sich zur Bestimmung des einzugehenden Risikos ein Betrag in Abhängigkeit vom Handelskonto bewährt. Viele Trader nehmen hier einen Betrag von 1 bis 2 Prozent ihres Handelskontos. Natürlich können Sie auch einen Betrag nehmen, der unter 1 Prozent liegt, also beispielsweise 0,5 Prozent von Ihrem Handelskonto. Das hängt immer auch von der Größe des Handelskontos ab. Berücksichtigen Sie bei der Bestimmung Ihres Risikobetrages immer die Tatsache, dass ein Verlust auch wieder ausgeglichen werden will. Und wie wir oben schon festgestellt haben, ist der Weg zurück umso länger und beschwerlicher, je tiefer Sie in den Verlust geraten sind.

Halten Sie daher die 2 Prozent als maximale Obergrenze Ihres einzugehenden Risikos!

Sicherlich haben Sie in diesem Moment bereits überschlagen, was diese Erkenntnis für Sie bedeutet. Wir hatten uns bereits darüber unterhalten, welcher Risikobetrag für Sie der Richtige ist, ohne die prozentuale Faustformel zu kennen. Wenn Sie jetzt den einen Betrag mit dem anderen vergleichen:

> Welcher Betrag ist höher?

> Welcher Betrag ist der für Sie angenehmere?

> Welchen Betrag können Sie eher verkraften? Mental und finanziell?

> Welcher Betrag lässt Sie auch bei einer Übernachtposition ruhig schlafen?

Treffen Sie Ihre Entscheidung. Für Ihre eigenen Berechnungen finden Sie untenstehend die Formel für den Risikobetrag pro Position:

*Handelskonto × Risiko in Prozent = Risikobetrag*

Bezogen auf unser Beispielkonto heißt das:

10.000€ × 1 % = 100€

Unabhängig von der prozentualen Betrachtung gilt, dass Sie lieber den Betrag wählen sollten, der Ihnen ein gutes Gefühl gibt und Sie nachts ruhig schlafen lässt. Um ausgehend von diesem absoluten

Betrag dann den prozentualen Betrag zu errechnen, müssen wir die Formel etwas umstellen:

$$\frac{gewählter\ Risikobetrag}{Handelskonto} = Risiko\ in\ Prozent$$

Wenn Sie sich für einen Betrag von beispielsweise 75 Euro als einzugehendes Risiko entschieden haben, dann heißt das bezogen auf Ihr Handelskonto:

$$\frac{75\ €}{10.000\ €} = 0{,}0075 = 0{,}75\%$$

Die Bestimmung des prozentualen Risikos in Bezug auf Ihr Handelskonto ist deshalb wichtig, weil dieser Wert den Ausgangsbetrag bestimmt, mit dem Sie Ihr Trading starten. Sie können sich leicht vorstellen, dass die Entwicklung Ihres Handelskontos alles andere als statisch ist. Ganz im Gegenteil, die Entwicklung wird dynamisch verlaufen – und zwar in beide Richtungen. Dadurch, dass Sie einen prozentualen Risikobetrag gewählt haben, stellen Sie sicher, dass Sie immer mit dem gleichen Risiko in Bezug auf Ihr Handelskonto in den Markt gehen. Wenn Sie Ihr Handelskonto also von 10.000 Euro um 10 Prozent auf 11.000 Euro steigern können, dann erhöht sich auch Ihr einzugehendes Risiko um 10 Prozent.

Die Rechnung sieht dann folgendermaßen aus:

$$11.000€ \times 1\ \% = 110€$$

Das prozentuale Risiko bleibt unverändert. Das absolute Risiko nicht. Das entwickelt sich gemeinsam mit Ihrem Handelskonto. Angenommen, Sie erleiden einen Verlust von 10 Prozent auf Ihrem Handelskonto, dann sieht die Rechnung für den nächsten Trade so aus:

$$9.000€ \times 1\ \% = 90€$$

Auf diese Weise stellen Sie sicher, dass Sie immer im angemessenen Rahmen handeln und Ihr Risiko nicht überproportional hoch im Vergleich zum Handelskonto wird. Denn wenn Sie den absoluten Betrag konstant hielten, würden Sie im Verlustfall sehr schnell in die Handlungsunfähigkeit geraten.

Auch wenn Sie sich an Ihrem »Wohlfühlbetrag« orientieren, lautet die Empfehlung, diesen auf den prozentualen Betrag von Ihrem Handelskonto umzurechnen. Mit wachsendem Konto wird sich dieser Betrag absolut natürlich ebenfalls erhöhen. Im Gewinnfall werden auf diese Weise aus den ursprünglichen 75 Euro dann schnell 80 Euro oder auch 90 Euro, und es steht Ihnen dann natürlich frei, den prozentualen Betrag zu verringern und bei Ihrem Wunschbetrag zu bleiben. Die Kehrseite der Medaille ist allerdings, dass Sie dadurch ein wesentliches Element des Money-Managements im wahrsten Sinne des Wortes ausbremsen und damit das Wachstum Ihres Handelskontos verlangsamen. Dessen müssen Sie sich bei diesem Vorgehen natürlich bewusst sein.

Zusammenfassend können wir festhalten, dass die Bestimmung des prozentualen Risikos in Abhängigkeit von der Größe des Handelskontos in guten Zeiten mit Gewinnen den absoluten Risikobetrag stetig erhöht und damit das Handelskonto wiederum vergrößert. In schlechten Zeiten mit mehreren Verlusten in Folge bremst die prozentuale Bestimmung des Risikos den Niedergang durch stetig kleiner werdende absolute Risikobeträge. Auf diese Weise stellen Sie sicher, dass Sie auch in Phasen mit mehreren Verlusten – sogenannten »Draw-down-Phasen« – stets handlungsfähig bleiben und Ihr wertvolles Kapital schützen.

Wir könnten an dieser Stelle unsere Überlegungen bezüglich des einzugehenden Risikos abschließen und zum nächsten Punkt übergehen. Eigentlich. Lassen Sie uns lieber noch etwas länger bei diesem Thema bleiben und gleichzeitig Sie und Ihre Stärken weiter in den Mittelpunkt rücken.

Wir hatten uns im ersten Kapitel mit der Frage beschäftigt, ob Sie eher aggressiv oder defensiv handeln wollen, und auch hinterfragt, wie groß Ihre Erfahrung in den von Ihnen gehandelten Märkten und

Produkten bereits ist. Auch die Frage, ob Sie eher langfristig oder kurzfristig orientiert sind, wurde gestellt. Das hatte ganz konkrete Gründe. An dieser Stelle können wir wieder auf diese Punkte zurückkommen. Bitte nehmen Sie Ihre Antworten noch einmal zur Hand.

Warum ist es in Bezug auf die Bestimmung des Risikobetrages sinnvoll, hier konkrete Antworten für sich zu haben?

Sie müssen bei der Bestimmung des Risikobetrages auch Ihre persönlichen Voraussetzungen einbeziehen. Sicher, das Handelskonto bildet die Grundlage Ihrer Berechnungen. Das ist jedoch nur eine erste Empfehlung, die Sie bitte nicht starr und ohne sie zu hinterfragen umsetzen sollten. Wenn Sie beispielsweise festgestellt haben, dass Sie eher defensiv am Markt handeln wollen, dann ist es eine Überlegung wert, den prozentualen Risikobetrag ein Stück weit nach unten zu verringern. Beispielsweise von 1 Prozent auf 0,75 Prozent oder sogar auf 0,5 Prozent.

Wenn Sie sich nur strikt an die oben genannte Formel halten, besteht die Gefahr, dass Sie sich nicht wohl in Ihrer »Trader-Haut« fühlen und das Trading für Sie von Anfang an eher unangenehm ist. Im Ergebnis machen Sie sich unter diesen Umständen das Leben in den Märkten selbst schwer. Aus diesem Grund ist es wichtig, auch diesen Aspekt unbedingt in die Bestimmung des Risikos einzubeziehen.

Sie müssen ebenfalls auch Ihre Erfahrung in den von Ihnen gehandelten Märkten oder Produkten in die Risikobestimmung einbeziehen. Stellen Sie sich vor, Sie sind ganz neu an den Märkten. Vielleicht kennen Sie die Handelsplattform, die Märkte oder die Produkte noch nicht hundertprozentig genau und fangen mit dem Trading erst an. Wie im richtigen Leben auch gilt die Devise »learning by doing«. Was bedeutet das für Ihr Risiko-Management? Natürlich: Das Risiko klein halten! Auch hier gilt die prozentuale Berechnung als erste Orientierung. Wenn Sie aber neu in einem Thema sind, kann es nur eine Empfehlung für Sie geben: Reduzieren Sie Ihr Risiko! Nehmen Sie lieber ein 0,5-Prozent-Risiko oder auch weniger. Mit wachsender Erfahrung können Sie das prozentuale Risiko dann wieder schrittweise erhöhen.

Für den Anfang der Karriere gilt, die zu machenden Erfahrungen so günstig wie möglich einzukaufen. Denken Sie immer daran, dass niemand Sie zwingt, volles Risiko zu fahren. Machen Sie Ihre Erfahrungen, bis Sie absolut sicher in den von Ihnen gewählten Märkten, Strategien und Produkten sind. Dann passen Sie Ihr Risiko an das neue Erfahrungsniveau weiter an.

Wir wollen nun den theoretischen Teil hinter uns lassen und in die Praxis schauen. Dort warten Peter, Martina und Klaus schon darauf, uns ihre Überlegungen mitzuteilen. Lassen wir Klaus als Ersten zu Wort kommen:

> *»Ich habe ja nur ein Handelskonto in Höhe von 5.000 Euro. Wenn ich mein Risiko richtig berechne, dann sind das bei einem Prozent Risiko vom Handelskonto absolut ja nur 50 Euro. Da komme ich ja nicht wirklich weit mit … Aber ich fange ja auch erst an. Ich bin mir sicher, schon bald mehr absolutes Risiko eingehen zu können!«*

Klaus ist verständlicherweise enttäuscht über seinen absoluten Risikobetrag. Viele Trader beginnen ihr Trading mit Vorstellungen von den ganz großen Beträgen – als Gewinn. Dabei ist es die strikte und konstante Begrenzung des Risikos, die einen Trader dauerhaft erfolgreich macht. Und so wie Klaus auch sagt: Schon bald wird der absolute Betrag größer, und dann kommen auch die »großen Gewinne«. Mit Blick auf den gehandelten Markt und den Trading-Stil sei gesagt, dass gerade im Devisenhandel im kurzfristigen Zeitfenster mit einem verhältnismäßig geringen Risikobetrag bereits in vollem Umfang gehandelt werden kann.

Wie geht Martina an die Bestimmung ihres Risikos heran?

> *»Mit meinem Handelskonto in Höhe von 25.000 Euro kann ich richtig etwas bewegen. Mein Risiko liegt mit einem Prozent von 25.000 Euro bei 250 Euro pro Trade*

> *und Position. Damit kann ich umgehen, zumal ich im Positions-Trading sowieso über einen längeren Zeitraum plane und nicht so stark von zufälligen Schwankungen betroffen bin wie ein kurzfristig agierender Trader. Damit fühle ich mich wohl, und ich denke auch darüber nach, mein Risiko je nach Lage der Dinge auf 1,5 Prozent zu erhöhen.«*

Als Positions-Traderin wird Martina nicht so viele Trades umsetzen wie ein Day-Trader. Auch wird die gesamte Risikoeinschätzung bei Martina auf einen längeren Zeitraum bezogen sein. Wenn Martina sagt, dass sie ihr Risiko je nach Lage der Dinge auf 1,5 Prozent erhöhen will, dann erscheint das für ihren Trading-Stil und ihr Handelskonto angemessen.

Hören wir abschließend Peters Überlegungen:

> *»Ich bin hin- und hergerissen. Eigentlich traue ich mir alles zu. Ein Prozent Risiko von meinem Konto sind 150 Euro. Haben oder nicht haben. Ich will nicht zu viel riskieren und die Sache besser langsam angehen. Ich werde mich zunächst auf 0,75 Prozent Risiko festlegen. Damit ist mein absolutes Risiko am Anfang bei 112,50 Euro. Ich denke, damit kann ich besser umgehen.«*

Peter gibt sich zurückhaltend, obwohl er bereits gute Erfahrungen im Demo-Konto machen konnte. Da Peter sich als defensiv einschätzt und sich für das Trading mit Hebelzertifikaten entschieden hat, wird diese Strategie für ihn auch gut passen.

Schauen wir uns die Aussagen noch einmal in einer tabellarischen Übersicht an:

| | Klaus | Martina | Peter |
|---|---|---|---|
| Trading-Stil | Day-Trading | Positions-Trading | Swing-Trading |
| Kontogröße | 5.000 € | 25.000 € | 15.000 € |
| Produkt | Forex | Aktien, CFD | Hebelzertifikate |
| prozentuales Risiko pro Trade | 1,0 % | 1 % - 1,5 % | 0,75 % |
| absolutes Risiko pro Trade | 50 € | 250 € - 375 € | 112,50 € |
| Trading-Ziel im Jahr | 6.000 € | 5.000 € | 2.250 € |

***Abbildung 7: Überblick über die drei Trader Klaus, Martina und Peter und deren Ausgangsituationen***

Knüpfen wir direkt an den vorhergehenden Gedanken an und vertiefen das Thema Risiko-Management noch weiter:

## Alle Eier in einen Korb?! So grenzen Sie Ihr Gesamtrisiko vom Einzelrisiko ab!

Vielleicht überrascht Sie dieser Abschnitt. Im Grunde ist er jedoch der logisch nächste Schritt nach unserer vorherigen Betrachtung. Wir hatten bislang zwar über das jeweils einzugehende Risiko gesprochen, das gilt aber nur pro Trade und Position.

Ebenfalls wichtig für Ihre Erfolgsplanung und Ihr Risiko-Management ist die Frage nach dem Gesamtrisiko. Erneut haben Sie jetzt die Möglichkeit, sich gezielt mit einer weiteren Frage zu beschäftigen:

> Wie viel Gesamtrisiko ist für mich akzeptabel?

Bevor Sie hier leichtfertig antworten, denken Sie bitte noch einmal an den Weg zurück und daran, wie viel Gewinn Sie erzielen müssen, um Ihre Verluste wieder auszugleichen.

Es ist nämlich schnell dahingesagt, dass Sie mit einem Verlust von 2 Prozent, 3 Prozent oder 5 Prozent zurechtkommen. Oder dass Sie sagen: *»1.000 Euro Verlust kann ich schon noch hinnehmen. Das ist in meiner Risikoplanung einkalkuliert.«*

Doch wie sieht es aus, wenn wir nicht mehr über einen einzelnen Verlust-Trade sprechen, sondern über eine Serie von Verlust-Trades? Können Sie dann immer noch so beherzt sagen, dass das einkalkuliert war?

Sie müssen sich immer wieder bewusst machen, dass es zu jeder Strategie einfach dazugehört, dass nicht nur einzelne Verluste auftreten, sondern ganze Verlustserien. Dann ist es vollkommen normal, dass vier, fünf, sechs oder mehr Verlust-Trades in Folge auftreten. Und dann summieren sich die Verluste zu einem Gesamtverlust. Insbesondere hier ist professionelles Risiko-Management gefragt. Denn mit einem Verlust-Trade umgehen, das kann jeder. Aber mit einer Verlustserie professionell umzugehen ist eine ganz andere Sache. Dafür ist es wichtig, dass Sie einen Plan haben, was Sie

1. im Ganzen als Risiko in Kauf nehmen wollen und

2. was Sie unternehmen, wenn dieser Risikobetrag erreicht wurde.

Die Antwort auf die erste Frage ist wieder sehr individuell. Auch hier geht es um das »Wohlfühlgefühl«. Sie müssen jederzeit in der Lage sein, mit den aufgelaufenen Verlusten umzugehen. Ein guter Indikator für die Höhe der akzeptablen Gesamtverluste ist im Übrigen Ihre Familie oder Ihre Partnerin/Ihr Partner. Können Sie sich vorstellen, offen Ihre Verluste anzusprechen: *»Du Schatz, ich habe aktuell 15.000 Euro Verlust auf meinem Trading-Konto ...«*?

Wenn nicht, dann wissen Sie auf jeden Fall bereits, welcher Betrag wiederum zu hoch ist. Was sich hier erst einmal scherzhaft liest, ist in der Praxis leider oftmals bittere Realität. Um die unangenehmen Effekte noch zu verstärken, kommt zu dem finanziellen Verlust ein zusätzlicher psychologischer Punkt hinzu. Wenn die Gesamtverluste zu hoch werden, werden Sie nicht mehr nur finanziell handlungsunfähig, sondern auch mental. Es besteht dann die Gefahr, dass Sie sozusagen in Schockstarre verfallen und die Trading-Gelegenheiten, die Sie aus dem Tief wieder herausführen könnten, verpassen. Ihnen fehlt dann nicht nur die finanzielle Basis zum Handeln, sondern auch der Glaube an den Markt, Ihre Strategie und im Endeffekt an sich selbst.

Ab diesem Moment ist die Gefahr groß, dass Sie entweder das Trading an den Nagel hängen – was schade wäre – oder dass Sie auf den Gedanken kommen, sich am Markt »rächen« zu wollen und mit dem Mut der Verzweiflung dem schlechten Geld dann auch noch das gute hinterherwerfen – was ebenfalls schade wäre.

Aus diesem Grund ist es wichtig, das Risiko-Management professionell zu betreiben und sich ernsthafte Gedanken darüber zu machen, welcher Gesamtverlust für Sie akzeptabel und sowohl finanziell als auch mental verkraftbar ist.

Leider gibt es dafür keine Faustregel, die hier vorgestellt werden könnte. In der Praxis gibt es Trader, für die nach dem fünften Verlust in Folge erst einmal Schluss ist, andere ziehen ihre Grenze bei den bereits genannten 10 Prozent Gesamtverlust vom Trading-Konto. Wie gesagt, es ist eine rein individuelle Entscheidung.

Als Nächstes schließt sich die Frage an, was Sie tun, wenn Ihre Verlustgrenze erreicht ist. Viele Trader beenden dann das Trading umgehend und beginnen mit der Analyse des Marktes und des eigenen Tradings. Wenn Sie eine Serie von Verlusten verzeichnen müssen, dann sei Ihnen dasselbe empfohlen.

Der Grund dafür ist einfach. Wenn Ihre bewährte Trading-Strategie auf einmal mehrfach in Folge nicht mehr greift, dann ist etwas anders als sonst. Das kann am Markt liegen, aber auch an Ihnen.

Trading macht unter den gegebenen Umständen dann jedenfalls keinen Sinn mehr. Machen Sie sich stattdessen auf die Suche nach den Ursachen. Analysieren Sie Ihren gehandelten Markt, Ihre Methodik und/oder Ihre persönliche Verfassung und pausieren Sie so lange, bis Ihre innere Verfassung, der Markt und Ihre Methodik wieder zusammenpassen.

Risiko-Management bedeutet also nicht nur, das Risiko einer einzelnen Position zu begrenzen, sondern sich auch im Vorfeld Gedanken darüber zu machen, wie Sie mit einer Serie von Verlusten umgehen wollen, und an welchem Punkt Sie Ihr Trading temporär unterbrechen wollen.

Um die Betrachtung zu vervollständigen, müssen wir uns noch mit zwei weiteren Aspekten des Gesamtrisikos beschäftigen.

Stellen Sie sich vor, Sie sind Positions-Trader wie Martina. Der Markt läuft gut und Sie sind voll mit Ihrem Handelskonto im Markt investiert. Sie haben zehn Titel im Depot, von denen Sie zu 100 Prozent überzeugt sind. Worauf müssen Sie achten?

Bei der Planung Ihrer Gesamtpositionen müssen Sie natürlich ebenfalls das Gesamtrisiko Ihres Depots im Auge behalten! Gerade wenn Sie sich längerfristig als Swing- oder Positions-Trader engagieren wollen. Bedenken Sie bei der Planung Ihres Gesamtrisikos immer den Weg zurück. Gerade wenn es um das Gesamtrisiko geht, dürfen Sie Ihre Handlungsfähigkeit nicht riskieren. Das ist insbesondere unter den Eindrücken der vergangenen Jahre wichtig, in denen wir bereits zwei weltweite Marktzusammenbrüche in kurzer Abfolge erleben mussten. Legen Sie einen Betrag fest, der für Sie akzeptabel ist, und wenn dieser Betrag erreicht ist, gehen Sie aus dem Markt und lösen Ihre Positionen auf. Schauen Sie anschließend dem nervösen Treiben der verbliebenen Marktteilnehmer entspannt von der Seitenlinie aus zu, und suchen Sie nach profitablen Einstiegsgelegenheiten, wenn der Sturm vorübergezogen ist. Während andere dann noch ungläubig ihre geschrumpften Kontoauszüge prüfen, sind Sie wieder mit nahezu voller Kraft in den Markt eingestiegen. Das ist professionelles Risiko-Management!

Spätestens mit diesen Überlegungen schließen die allermeisten Trader ihre Risikobetrachtung ab und stürzen sich in den Handel. Der eine kurzfristig als Intraday-Trader, der andere langfristig als Positions-Trader. In diesem Zusammenhang müssen wir aber noch einen finalen Aspekt des Risiko-Managements betrachten.

Wir hatten weiter oben bereits festgehalten, dass sich in der Praxis ein Risiko pro Trade und Position in Höhe von 1 Prozent bis 2 Prozent vom Handelskonto bewährt hat. Doch gilt das auch für alle Trading-Stile?

Angenommen, Sie wollen sich als Intraday-Trader betätigen. Wie sieht es dann mit Ihrer prozentualen Positionsgröße aus? Gilt hier auch die Faustformel von 1 Prozent bis 2 Prozent vom Handelskonto? Eher nicht. Sie müssen immer auch den Zeitbezug im Auge behalten. Ein Intraday-Trader hat eine andere Handelsfrequenz als ein Positions-Trader. Der Positions-Trader setzt einen Bruchteil der Trades eines Intraday-Traders um. Selbstverständlich können die beiden nicht das gleiche Risiko nehmen. Weder prozentual noch absolut.

Stellen Sie sich das einmal in Zahlen vor: Angenommen, Sie verfügen über ein Handelskonto mit 100.000 Euro Einlage und wollen als Intraday-Trader agieren. Wollen Sie 1.000 Euro als absolutes Risiko pro Trade eingehen? Nach einer Verlustserie von fünf Fehltrades hintereinander haben Sie – grob gerundet – einen Gesamtverlust von 5.000 Euro beziehungsweise 5 Prozent erzielt. Falls Sie im 1-Minuten-Chart handeln, brauchen Sie dafür im schlimmsten Fall keine zehn Minuten. Ganz abgesehen davon, wie es im Anschluss um Ihr Nervenkostüm bestellt sein mag, ist diese Vorgehensweise eine gute Möglichkeit, ein Handelskonto in kurzer Zeit zu eliminieren.

Je kurzfristiger Sie also im Markt agieren, desto geringer muss das prozentuale Risiko sein, das Sie pro Position eingehen. Allein durch die große Anzahl der möglichen Trades im kurzfristigen Trading laufen Sie sonst Gefahr, das Gesamtrisiko überproportional groß zu halten. Umgekehrt gilt, dass Sie das prozentuale Risiko etwas erhöhen können, je langfristiger Sie sich im Markt engagieren wollen.

Das liegt einfach darin begründet, dass Sie mit langfristigeren Investitionen im Jahresverlauf weniger Trades in der Summe umsetzen können als ein kurzfristig orientierter Trader.

Und natürlich – wir hatten es im ersten Kapitel schon angedeutet – gehört zu einem professionellen Risiko-Management auch, dass nicht das gesamte Handelskonto in einen einzigen Titel investiert wird, sondern – und da greift das prozentuale Risiko pro Position im Zusammenspiel mit dem Gesamtrisiko – dass eine sinnvolle Diversifikation in Ihrem Depot stattfindet. Das bedeutet, dass Sie Branchen, Länder, Regionen und idealerweise auch noch Währungen in Ihrem Depot mischen.

Damit können wir unsere Überlegungen zum Risiko-Management jetzt tatsächlich abschließen und wiederum den Blick in die Praxis richten. Was sagen unsere drei Trader dazu? Fangen wir direkt mit Klaus an:

> *»Als Day-Trader im Forex-Markt komme ich ja weniger in die Verlegenheit, über eine Depotstruktur nachzudenken. Was mir aber wichtig erscheint, ist aufzupassen, dass ich nicht versehentlich parallel das Gleiche trade. Dass ich darauf achte, Währungspaare zu handeln, die nicht gleichlaufen. Ansonsten habe ich mir vorgenommen, dass ich nach dem fünften Verlust in Folge eine Pause für den Rest der Woche mache. Dann gehe ich in die intensive Analyse. Als Maximalrisiko halte ich 15 Prozent vom Handelskonto für realistisch. Sind die erreicht, dann mache ich auf jeden Fall Schluss für den Monat. Stattdessen schwenke ich dann auf ein Demokonto um, um meine Fähigkeiten risikofrei zu verbessern. Da ich aber gewinnen will, ist das natürlich nur eine theoretische Überlegung für mich …«*

Klaus hat mit seiner Einschätzung recht. Auch im Devisenmarkt gibt es gleichlaufende Währungspaare, die eigentlich wie ein Gesamt-Trade behandelt werden müssten und das Risiko-Management überdehnen. Die 15 Prozent Gesamtrisiko entsprechen seiner aggressiven Einschätzung. Wichtig ist dann, dass Klaus bei Erreichen der 15 Prozent eine Pause einlegt, eine intensive Marktanalyse betreibt und sich selbst sowie auch sein Handeln hinterfragt. Interessant ist die Idee, das Trading zwar weiterzuverfolgen, dafür aber ein Demokonto zu nutzen. So bleibt Klaus aktiv im Markt, geht aber kein weiteres Risiko mehr ein.

Wie sieht die Gestaltung des Gesamtrisikos bei Martina aus?

> *»Ich bleibe bei den klassischen 10 Prozent Gesamtrisiko. Die Anmerkung mit der Diversifikation finde ich gut und werde sie bei meinen Analysen berücksichtigen. So vermeide ich das Risiko, zu viel in eine Branche oder einen Bereich zu investieren. Ich werde sowieso nach jedem Trade die Rückblick-Analyse durchführen und beobachte die Märkte regelmäßig am Wochenende. Für mich sind eher 10 Prozent Gesamtrisiko eine Grenze als die Anzahl der Verluste in Folge. Sind die 10 Prozent erreicht, mache ich für den Handelsmonat auf jeden Fall Pause.«*

Da Martina sich im Wochenchart als Positions-Traderin bewegt, hat sie einen langfristigeren Fokus. Ob sie nun nach Erreichen der 10-Prozent-Verlustgrenze oder nach einer bestimmten Anzahl aufeinanderfolgender Verluste ihr Trading unterbricht, ist natürlich ihre Entscheidung.

Schauen wir abschließend noch Peter über die Schulter:

> *»Das ist eine heiße Sache. Ich glaube, wenn ich meiner Familie beichten müsste, dass ich mal eben 1.500 Euro verloren habe, wird das schwer für mich. Ich ziehe für mich schon eher die Reißleine. Bei mir ist definitiv nach 5 Prozent Gesamtverlust Schluss für den Monat. 750 Euro Verlust muss ich auch erst einmal verkraften. So weit will ich es aber gar nicht erst kommen lassen. Eigentlich habe ich schon nach vier Verlusten in Folge ein schlechtes Gefühl. Dann muss ich mich hinsetzen und meine Strategie sowie meine Titel und Märkte analysieren. Das mit dem Demokonto mache ich auch, so kann ich gleich se-*

*hen, wann meine Trading-Ideen und der Markt wieder zusammenpassen, und bleibe gleichzeitig im Training.«*

Peter zeigt sich defensiv und achtet auf seine persönliche finanzielle und mentale Komfortzone. Damit stellt er sicher, dass er emotional stabil, entscheidungssicher und handlungsfähig bleibt.

Wir können unsere tabellarische Übersicht ergänzen:

| | Klaus | Martina | Peter |
|---|---|---|---|
| Gesamtrisiko prozentual | 15,0 % | 10,0 % | 5,0 % |
| Gesamtrisiko absolut | 750,00 € | 2.500,00 € | 750,00 € |

***Abbildung 8: Die Gesamtrisiken unserer Trader Peter, Martina und Klaus im Überblick***

Wir haben jetzt intensiv über Verlustbegrenzung und Risikominimierung gesprochen. Dabei wurde deutlich, dass Sie sich im Trading auf jeden Fall gegenüber dem einzelnen Risiko einer Position absichern müssen, aber auch gegenüber dem Gesamtrisiko Vorsicht walten lassen sollten.

Bislang waren das ja eher abstrakte Vorstellungen und Begriffe. Lassen Sie uns deshalb weiter gehen und uns Methoden und Möglichkeiten ansehen, die Sie dabei unterstützen, Ihr Risiko-Management professionell zu gestalten.

## Runter kommen Sie immer: Wie Sie Ihre Position gegen Verluste absichern!

Risiko-Management bedeutet Verlustbegrenzung. Diesen Grundsatz haben Sie mittlerweile hoffentlich verinnerlicht, und er wird Sie im Trading dabei unterstützen, Ihre finanzielle Basis zu beschützen und zu erhalten. Dieser Grundsatz allein hilft Ihnen jedoch nur bedingt weiter. Denn was Sie jetzt wissen, ist nur, dass Sie Ihr Risiko durch einen irgendwann stattfindenden Ausstieg aus der Position begrenzen müssen. So richtig nach einem Plan hört sich das aber noch nicht an. Wir wollen im nächsten Schritt festlegen, wann der Punkt erreicht ist, an dem ein weiteres Festhalten an Ihrer eingegangenen Position keinen Sinn mehr macht und Sie Ihren Trade beenden müssen.

Dazu ist es zunächst wichtig festzuhalten, dass Trading auf Wahrscheinlichkeiten beruht. Da wir nicht in die Zukunft sehen können – so weit waren wir in unseren Betrachtungen bereits gekommen – müssen wir uns zwangsläufig an Wahrscheinlichkeiten orientieren. Bei der Analyse einer Aktie oder eines Wertes läuft letztlich alles auf eine Frage hinaus: In welche Richtung wird sich die Aktie oder der Wert als Nächstes mit der größten Wahrscheinlichkeit bewegen? Das ist es unterm Strich. Dazu gibt es eine Reihe von Analysemethoden, die irgendwo zwischen Kunst, Wissenschaft und Esoterik angesiedelt sind. Allen gemein ist das Ziel, eine Aussage darüber machen zu können, mit welcher Wahrscheinlichkeit sich ein Markt als Nächstes in die eine oder in die andere Richtung bewegt. Das ist natürlich offensichtlich recht vage, und genau deshalb praktizieren Sie ja auch ein striktes Risiko-Management. Nämlich, um die Verluste zu begrenzen, falls der Markt entgegen der angenommenen größeren Wahrscheinlichkeit die für Sie falsche Richtung einschlägt.

Jetzt stellt sich Ihnen bei der Planung eines Trades bereits die nächste Frage: Ab wann ist es denn nicht mehr wahrscheinlich, dass Ihre Aktie oder Ihr Markt die von Ihnen präferierte Richtung einschlägt?

Bei der Überlegung, ob Sie einen Trade eingehen, müssen Sie folglich eine Entscheidung treffen, die nicht auf Fakten, sondern auf Wahrscheinlichkeiten beruht. Wenn Sie sich dann dazu entschließen, in den Markt zu gehen, treffen Sie gleichzeitig eine Entscheidung unter Unsicherheit. Die Unsicherheit liegt dabei darin, nicht zu wissen, ob der eingegangene Trade ein Gewinner oder ein Verlierer wird. Sie können es einfach nicht wissen. Sie müssen sich mit den Wahrscheinlichkeiten zufriedengeben. Aber ob diese dann auch zutreffen, wissen Sie eben nicht.

Jetzt ist es Ihre Aufgabe als professioneller Trader, die im Trading existierende Unsicherheit in Ihrer Planung in Sicherheit zu verwandeln. Diese Sicherheit liegt darin, zu wissen, dass Sie entweder gewinnen oder verlieren. Davon können Sie ohne geringste Zweifel im Vorfeld ausgehen.[3] Diese Sicherheit können wir noch weiter konkretisieren. Was können Sie durch Ihre Vorbereitungen bereits mit absoluter Sicherheit sagen?

Sie wissen bereits bei der Eröffnung eines Trades, was Sie im Maximalfall unter normalen Umständen verlieren können. Diesen Betrag hatten Sie bereits festgelegt. Dieser Betrag ist für Sie sicher.

Jetzt müssen Sie diese Überlegungen nur noch in Ihre Planung übernehmen, indem Sie die Dinge zusammenführen:

1. Sie planen eine Position aufgrund von Wahrscheinlichkeiten. Deshalb muss es einen Punkt geben, an dem die Wahrscheinlichkeit, dass Ihre Idee aufgeht, nicht mehr gegeben – also gleich null – ist.

2. An diesem Punkt wissen Sie, was Sie maximal verloren haben, nämlich Ihr festgelegtes Risiko pro Trade.

Dieser Punkt ist Ihr anfänglicher Stop-Loss, den Sie bereits bei der Planung einer Position festlegen und nach Eröffnung des Trades in

[3] Eine Betrachtung, in der der Ausstieg zum Einstiegskurs stattfindet, lassen wir zunächst außen vor. Dieses würde ein aktives Management der Position voraussetzen und damit ein Eingreifen in den Trade.

den Markt geben. Das ist der Punkt, an dem Sie Ihre Verluste realisieren und der Trade, ohne zu zögern, geschlossen wird.

Zur Bestimmung des Stop-Loss gibt es mehrere Möglichkeiten. Gerade langfristig orientierte Anleger sagen oftmals, dass sie das nicht so genau an einem Preis festmachen wollen, sondern eher an den Fundamentaldaten. Das ist insoweit gefährlich, als der Markt an dem Punkt, wo sich die Fundamentaldaten gravierend geändert haben, bereits deutlich gefallen sein kann. Wir sprachen bereits darüber.

Dann gibt es Trader, die sich prozentuale Stopps setzen. Bei denen heißt es beispielsweise: »*Nach einem Verlust von fünf Prozent steige ich aus der Aktie aus!*« Das ist natürlich sehr pauschal und kann dann auch mitten in einer Korrektur sein, die die ursprüngliche Idee eigentlich nicht unbedingt gefährdet und auch die Wahrscheinlichkeit des Gelingens nicht infrage stellt. Schade, wenn Sie dann mittendrin aussteigen müssen. Gleiches gilt, wenn Sie statt eines prozentualen Stop-Loss einen absoluten Stop-Loss in Form eines festen Geldbetrages nehmen. Ein solches pauschales Vorgehen hat sich in der Praxis nicht bewährt und führt auch regelmäßig zu suboptimalen Ergebnissen.

In der Praxis bewährt haben sich dagegen Stopps nach charttechnischen Kriterien. Diese Vorgehensweise hat den Vorteil, dass nicht nur der Einstieg, sondern auch der Ausstieg nach charttechnischen Kriterien festgelegt werden kann. Nehmen Sie bei dieser Gelegenheit bitte einen beliebigen Chart zur Hand. Was sehen Sie?

Sie werden feststellen, dass sich ein Kurs in regelmäßigen Schwüngen bewegt. Da geht es mal in die eine, dann wieder in die andere Richtung, nur um im nächsten Schwung wieder in die ursprüngliche Richtung zu laufen. Entstehen auf diese Weise regelmäßig neue Hochpunkte, die von aufsteigenden Tiefpunkten gefolgt werden, sprechen wir von einem Aufwärtstrend. Von einem Abwärtstrend dagegen sprechen wir, wenn mit den Schwüngen immer neue Tiefpunkte erreicht werden, die von immer tieferen Hochpunkten gefolgt werden. Die Abbildungen 9 und 10 geben diese Schwungbewegungen im Modell wieder:

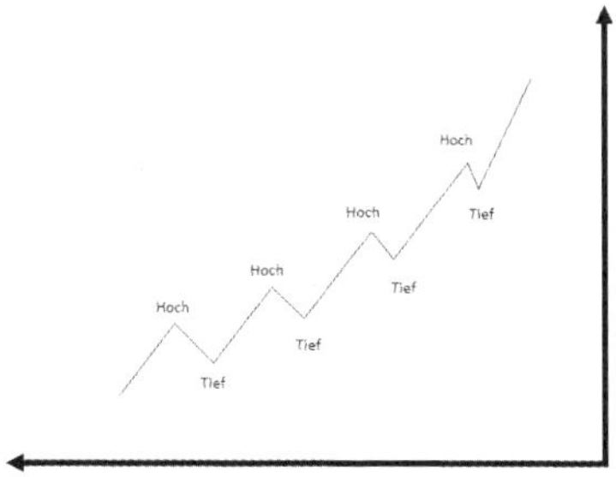


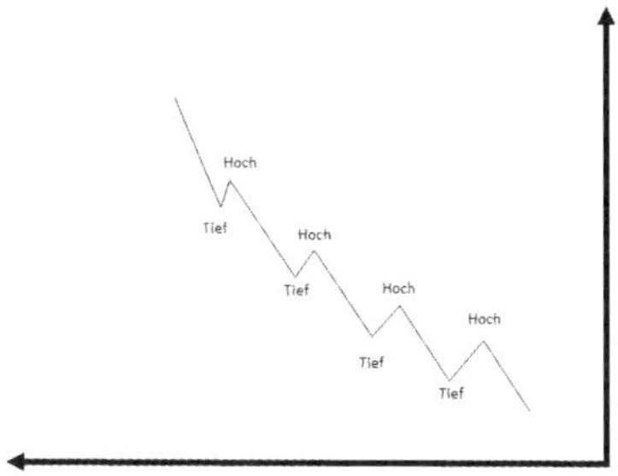


***Abbildung 9 und 10: Ein Aufwärtstrend mit höheren Hoch- und höheren Tiefpunkten sowie ein Abwärtstrend mit tieferen Hoch- und tieferen Tiefpunkten***

Wir hatten bis hierhin immer angenommen, dass Sie als Käufer in einem Aufwärtstrend handeln. Natürlich können Sie auch die andere Richtung traden, also als Verkäufer in einem Abwärtstrend. Für das Gesagte bedeutet das letztlich dasselbe mit anderen Vorzeichen. Um die Dinge nicht unnötig zu verkomplizieren, wollen wir diese ursprüngliche Annahme zukünftig auch weiter aufrechterhalten.

Gerade die charttechnische Analyse ist gut dazu geeignet zu bestimmen, welche Richtung ein Kurs mit der größeren Wahrscheinlichkeit in seiner nächsten Bewegung einschlägt. Sie können dann anhand eines Charts auch gut bestimmen, ab welchem Punkt es wiederum unwahrscheinlich wird, dass der Kurs in eine bestimmte Richtung läuft.

Für einen Aufwärtstrend können wir beispielsweise sagen, dass die Wahrscheinlichkeit einer Trendfortsetzung in dem Moment gegen null geht, wenn der Kurs das letzte Tief nach unten durchbrochen hat. Die Abfolge steigender Hochpunkte und steigender Tiefpunkte wird damit faktisch beendet. Hier können Sie Ihren Stop-Loss platzieren.

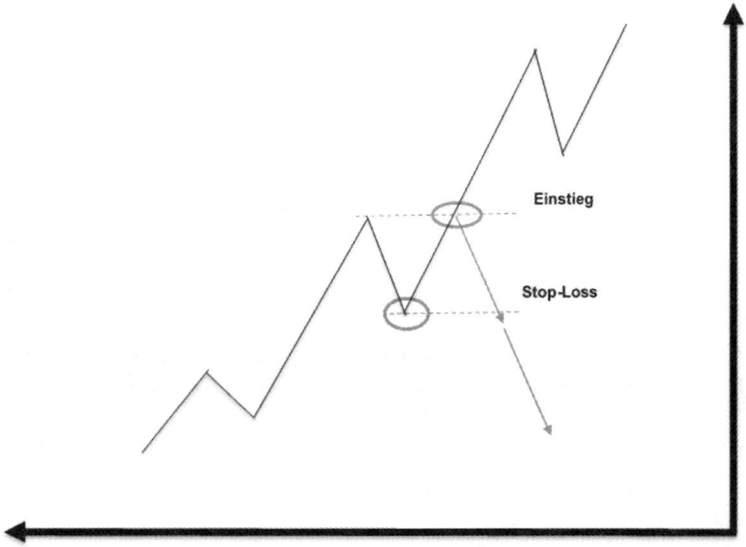


*Abbildung 11: Einstieg und Stop-Loss im Modell. Der Stop-Loss wird da gesetzt, wo die Wahrscheinlichkeit, dass die Trading-Idee noch aufgeht, nicht mehr gegeben ist. Mit Durchbrechen des letzten Tiefpunktes wird die Abfolge steigender Hochpunkte und steigender Tiefpunkte beendet, und der Trend ist zumindest gefährdet.*

Wie kann die Platzierung eines Stop-Loss in der Praxis aussehen? Dazu werfen wir einen Blick auf den Dow Jones Industrial Index:

Die meisten Trader wünschen sich einen Einstieg in einen neuen Trend zu einem möglichst frühen Zeitpunkt. Nachdem der Dow Jones Industrial Index ein neues Tief an Punkt 1 markiert hat, stieg er bis an den Widerstandsbereich bei Punkt 2 an. Erwartungsgemäß fiel der Index von dort wieder ab. Um den Abwärtstrend weiter fortzuführen, hätte der Index den Punkt 1 durchbrechen müssen. Hat er aber nicht. Stattdessen stoppte die Korrektur an Punkt 3, womit sich ein höheres Tief bildete als an Punkt 1. Offensichtlich wollen die Marktteilnehmer sich an diesem Punkt nicht mehr von Ihren Positionen trennen, und es scheint zusätzliches Kaufinteresse bei anderen Marktteilnehmern zu bestehen. An Punkt 3 beginnt der Dow Jones wieder zu steigen. Um früh in den beginnenden

Trend zu kommen, stellt der Punkt 2 eine gute Orientierung dar. Ein guter Einstieg wäre mit Überschreiten des letzten Hochs bei Punkt 2 und gleichzeitigem Bruch des Widerstandes gegeben.

***Abbildung 12: Dow Jones Industrial Index in der Tageschart-Darstellung (eine Kerze = ein Tag). Der Dow Jones ist bis an den Punkt 1 zurückgefallen und erholt sich in der Folge bis in den Widerstandsbereich an Punkt 2. Dort korrigiert der Index bis an den Punkt 3, um von dort weiter anzusteigen. Nach dem Abverkauf wurde ein neuer Aufwärtstrend etabliert.***

Quelle: www.tradesignalonline.com

Damit hätten wir schon einmal den Einstieg festgelegt.

Als Nächstes müssen wir bestimmen, an welchem Punkt im Chart es keinen Sinn mehr macht, auf weiter ansteigende Kurse zu spekulieren. Das ist im Chart des Dow Jones der Punkt 3. Wird dieser unterschritten, macht sich der Index auf den Weg, ein neues Tief zu markieren, das unter dem vorhergehenden liegt. Dieser Punkt bildet unseren Stop-Loss. Wird dieser Punkt unterschritten, steigen wir aus unserer Position aus, um größere Verluste zu vermeiden.

Jetzt wissen Sie, wann Sie in die Position einsteigen, und Sie wissen auch, wann Ihr Stop-Loss greifen soll und Sie wieder aus dem

Markt aussteigen. Da in der Praxis leider regelmäßig ein Unterschied zwischen Wissen und Machen besteht, lautet die dringende Empfehlung an Sie, den Stop-Loss direkt im Anschluss an die Positionseröffnung in den Markt zu geben. Das ist mit den heutigen Trading-Plattformen keine Herausforderung und lässt sich tatsächlich bereits schon mit der Einstiegsorder bewerkstelligen. Das hat für Sie zwei Vorteile: Sie werden mental sowie zeitlich entlastet, müssen also nicht rund um die Uhr vor dem PC sitzen, und Sie laufen auch nicht Gefahr, im Moment des Handelns zu zögern oder den Chart neu interpretieren zu wollen.

Im Umgang mit dem Stop-Loss gilt, dass dieser unter keinen Umständen aus dem Markt genommen werden oder zu Ihren Ungunsten verschoben werden darf. Er dient Ihrer persönlichen Verlustbegrenzung und sichert Sie gegen ungeplante Verluste ab. Selbst wenn Sie – und das kommt regelmäßig vor – so unglücklich ausgestoppt werden, dass Sie genau am Tiefpunkt den Markt verlassen, dann ist das immer noch besser, als unglücklicherweise dabei zu sein, wenn der Markt zusammenbricht. Einen Neueinstieg können Sie jederzeit finden. Einen Neuanfang dagegen eher nicht.

Damit haben wir fast alle Komponenten besprochen, die Sie für die professionelle Planung eines Trades unter Risikoaspekten benötigen. Lassen Sie uns jetzt unsere vorbereiteten Einzelüberlegungen zusammenfassen und diese dazu nutzen, um festzulegen, wie viel Kapital Sie für einen Trade einsetzen wollen, können oder dürfen.

## Alles auf eine Karte?! So bestimmen Sie Ihre optimale Positionsgröße!

Neben der Definition des einzugehenden Risikos gehört die Bestimmung der optimalen Positionsgröße zu den wichtigsten Elementen des Risiko-Managements.

Viele Trader sind sich dessen leider nicht bewusst und übernehmen sich mit einer zu großen Position im Verhältnis zum Handelskonto.

Sie gehen damit unwissentlich ein größeres Risiko ein als ursprünglich von Ihnen geplant. Aus diesem Grund ist die professionelle Bestimmung der optimalen Positionsgröße der entscheidende Faktor des Risiko-Managements und gleichzeitig auch die Verbindung zwischen unserem geplanten Risiko und dem Stop-Loss.

Vielleicht werden Sie jetzt denken: »*Moment mal, mit dem Risiko habe ich doch schon alles festgelegt und mit dem Stop-Loss weiß ich auch, wann ich aus dem Trade aussteige. Was soll das denn jetzt noch?!*« Tatsächlich ist es genau diese Überlegung, die erfolgreiche Trader von den anderen unterscheidet. Denn bei einem gleichen System, einer identischen Strategie und gleichen Voraussetzungen ist es die Positionsgröße, die darüber entscheidet, ob eine grüne oder eine rote Summe am Ende Ihres Kontoauszugs steht. Lassen Sie uns deshalb verschiedene Möglichkeiten der Positionsgrößenbestimmung miteinander vergleichen, um die beste für Sie herauszufinden.

Für die Bestimmung der optimalen Positionsgröße gibt es mehrere Möglichkeiten. Die Einfachste ist natürlich die, alles auf eine Karte zu setzen und das Handelskonto komplett mit einem Titel zu bestücken. Wir hatten bereits mehrere Gründe herausgearbeitet, warum das im Regelfall keine gute Idee ist.

Eine weitere Möglichkeit, sich das Trader-Leben einfach zu gestalten, besteht darin, immer die gleiche Stückzahl eines Titels zu kaufen. Gerade wenn Sie regelmäßig nur eine Handvoll Werte traden, schleicht sich diese Gewohnheit schnell ein. Wenn Sie beispielsweise Devisen handeln, kann das heißen, dass Sie immer 50.000 Euro gegen 50.000 US-Dollar[4] handeln. Sie haben diesen Betrag möglicherweise bereits sogar fest in Ihrer Handelsplattform eingestellt und handeln unabhängig von Ihren vorangegangenen Überlegungen immer diesen Betrag. Oder Sie handeln ausschließlich die Aktie der XY-AG und bewegen immer 100 Stück im Markt. Egal was die Aktie gerade kostet, es sind immer 100 Stück.

---

4 Im Devisen- oder FOREX-Handel wird auf Margin gehandelt. Um 50.000 Euro gegen 50.000 US-Dollar zu handeln, ist eine deutlich geringere Einschusszahlung bei Ihrem Broker notwendig, als tatsächlich am Markt gehandelt wird.

Gehen wir das beispielhaft durch. Wir bleiben bei unserem angenommenen Handelskonto von 10.000 Euro. Als Risiko wollen wir eigentlich ein Prozent von unserem Handelskonto nicht überschreiten. Der Stop-Loss wird von uns unter charttechnischen Gesichtspunkten gesetzt und verbleibt im Markt, bis er entweder ausgelöst wird oder wir im Gewinn verkaufen. Wir wollen es uns einfach machen und kaufen immer zehn Stück der Aktie der XY-AG. Das müsste mit unserem Risiko-Management ja irgendwie so einigermaßen hinkommen. Wir führen zehn Trades durch und können im Anschluss auf fünf Gewinner und fünf Verlierer zurückblicken.

Die Ergebnisse sind in der nachfolgenden Tabelle dargestellt:

| Pos | Einstieg | Stop-Loss | Punkte bis Stop-Loss | Anzahl | Risiko | Positionsgröße | Ausstieg | erzielte Punkte | Summe | Depot |
|---|---|---|---|---|---|---|---|---|---|---|
| | | | | | | | | | | 10.000,00 € |
| 1 | 100 | 85 | 15 | 10 | 150,00 € | 1.000,00 € | 85 | -15 | -150,00 € | 9.850,00 € |
| 2 | 110 | 100 | 10 | 10 | 100,00 € | 1.100,00 € | 125 | 15 | 150,00 € | 10.000,00 € |
| 3 | 140 | 120 | 20 | 10 | 200,00 € | 1.400,00 € | 120 | -20 | -200,00 € | 9.800,00 € |
| 4 | 120 | 105 | 15 | 10 | 150,00 € | 1.200,00 € | 105 | -15 | -150,00 € | 9.650,00 € |
| 5 | 135 | 115 | 20 | 10 | 200,00 € | 1.350,00 € | 165 | 30 | 300,00 € | 9.950,00 € |
| 6 | 160 | 145 | 15 | 10 | 150,00 € | 1.600,00 € | 185 | 25 | 250,00 € | 10.200,00 € |
| 7 | 185 | 175 | 10 | 10 | 100,00 € | 1.850,00 € | 175 | -10 | -100,00 € | 10.100,00 € |
| 8 | 185 | 170 | 15 | 10 | 150,00 € | 1.850,00 € | 205 | 20 | 200,00 € | 10.300,00 € |
| 9 | 95 | 90 | 5 | 10 | 50,00 € | 950,00 € | 103 | 8 | 80,00 € | 10.380,00 € |
| 10 | 110 | 100 | 10 | 10 | 100,00 € | 1.100,00 € | 100 | -10 | -100,00 € | 10.280,00 € |
| | | | | | | | | | | 10.280,00 € |

***Abbildung 13: Die Ergebnisse von zehn Trades in Folge, willkürliche Zuteilung von Gewinnern und Verlierern. Die Anzahl der gehandelten Stücke bleibt immer konstant.***

Wir sehen in der Abbildung 13, dass wir insgesamt ein positives Ergebnis erzielt haben. Das ist die gute Nachricht, die mit einem großen Aber verbunden ist. Denn wenn wir in die Details gehen, dann kommen die Gefahren dieses pauschalen Vorgehens ans Tageslicht. Wir hatten angenommen, dass wir konstant immer zehn Aktien der XY-AG kaufen und den Stop-Loss nach charttechnischen Gesichtspunkten festlegen. Dadurch ergeben sich Stop-Loss-Punkte, die vom Einstiegspunkt mal weiter weg, aber auch mal näher dran sein können. Dementsprechend variiert das Risiko mal in der Nähe unserer Vorstellungen, dann aber auch wieder nicht. So gibt es Positionen, bei denen wir die Hälfte unseres geplanten Risikos eingehen, und es gibt Positionen, bei denen es dann wieder das Doppelte ist.

Das kann nicht optimal sein und ist es natürlich auch nicht. Besonders deutlich wird dieses, wenn wir statt fünf Gewinnern nur noch vier haben.

Nehmen wir beispielsweise an, der Trade Nummer 8 wäre kein Gewinner, sondern ein Verlierer. Wie sähe das Ergebnis dann aus?

| Pos | Einstieg | Stop-Loss | Punkte bis Stop-Loss | Anzahl | Risiko | Positionsgröße | Ausstieg | erzielte Punkte | Summe | Depot |
|---|---|---|---|---|---|---|---|---|---|---|
| | | | | | | | | | | 10.000,00 € |
| 1 | 100 | 85 | 15 | 10 | 150,00 € | 1.000,00 € | 85 | -15 | -150,00 € | 9.850,00 € |
| 2 | 110 | 100 | 10 | 10 | 100,00 € | 1.100,00 € | 125 | 15 | 150,00 € | 10.000,00 € |
| 3 | 140 | 120 | 20 | 10 | 200,00 € | 1.400,00 € | 120 | -20 | -200,00 € | 9.800,00 € |
| 4 | 120 | 105 | 15 | 10 | 150,00 € | 1.200,00 € | 105 | -15 | -150,00 € | 9.650,00 € |
| 5 | 135 | 115 | 20 | 10 | 200,00 € | 1.350,00 € | 165 | 30 | 300,00 € | 9.950,00 € |
| 6 | 160 | 145 | 15 | 10 | 150,00 € | 1.600,00 € | 185 | 25 | 250,00 € | 10.200,00 € |
| 7 | 185 | 175 | 10 | 10 | 100,00 € | 1.850,00 € | 175 | -10 | -100,00 € | 10.100,00 € |
| 8 | 185 | 170 | 15 | 10 | 150,00 € | 1.850,00 € | 170 | -15 | -150,00 € | 9.950,00 € |
| 9 | 95 | 90 | 5 | 10 | 50,00 € | 950,00 € | 103 | 8 | 80,00 € | 10.030,00 € |
| 10 | 110 | 100 | 10 | 10 | 100,00 € | 1.100,00 € | 100 | -10 | -100,00 € | 9.930,00 € |
| | | | | | | | | | | 9.930,00 € |

***Abbildung 14: Die Ergebnisse verschlechtern sich deutlich, wenn der Trade Nummer 8 statt eines Gewinn-Trades ein Verlust-Trade wird.***

Wenn wir einen der größeren Gewinner aus dem Ergebnis nehmen und in einen Verlierer umwandeln, wendet sich das Blatt. Das ist keine Überraschung. Nicht nur, dass uns hier der Gewinn fehlt, es kommt noch der Verlust dazu. Obendrein geraten wir in den Gesamtverlust und haben einen negativen Depotwert zu beklagen.

Wie sieht das Ergebnis aus, wenn wir statt eines Verlusts mit Trade Nummer 8 ein neutrales Ergebnis erzielen – also die Position »Break-even« auflösen?

| Pos | Einstieg | Stop-Loss | Punkte bis Stop-Loss | Anzahl | Risiko | Positionsgröße | Ausstieg | erzielte Punkte | Summe | Depot |
|---|---|---|---|---|---|---|---|---|---|---|
| | | | | | | | | | | 10.000,00 € |
| 1 | 100 | 85 | 15 | 10 | 150,00 € | 1.000,00 € | 85 | -15 | -150,00 € | 9.850,00 € |
| 2 | 110 | 100 | 10 | 10 | 100,00 € | 1.100,00 € | 125 | 15 | 150,00 € | 10.000,00 € |
| 3 | 140 | 120 | 20 | 10 | 200,00 € | 1.400,00 € | 120 | -20 | -200,00 € | 9.800,00 € |
| 4 | 120 | 105 | 15 | 10 | 150,00 € | 1.200,00 € | 105 | -15 | -150,00 € | 9.650,00 € |
| 5 | 135 | 115 | 20 | 10 | 200,00 € | 1.350,00 € | 165 | 30 | 300,00 € | 9.950,00 € |
| 6 | 160 | 145 | 15 | 10 | 150,00 € | 1.600,00 € | 185 | 25 | 250,00 € | 10.200,00 € |
| 7 | 185 | 175 | 10 | 10 | 100,00 € | 1.850,00 € | 175 | -10 | -100,00 € | 10.100,00 € |
| 8 | 185 | 170 | 15 | 10 | 150,00 € | 1.850,00 € | 185 | 0 | 0,00 € | 10.100,00 € |
| 9 | 95 | 90 | 5 | 10 | 50,00 € | 950,00 € | 103 | 8 | 80,00 € | 10.180,00 € |
| 10 | 110 | 100 | 10 | 10 | 100,00 € | 1.100,00 € | 100 | -10 | -100,00 € | 10.080,00 € |
| | | | | | | | | | | 10.080,00 € |

***Abbildung 15: Mit einem neutralen Ergebnis bei Trade Nummer 8 kommen wir zumindest wieder in die Gewinnzone.***

Es kann vorkommen, dass wir, anstatt einen Verlust mitzunehmen, mit null aus dem Trade aussteigen. Das geht vielen Tradern so, wenn der Gewinn schon zu Buche stand, die Dynamik des Marktes aber unvermittelt nachließ, bevor der Gewinn gesichert werden konnte. In dieser Situation suchen viele Trader einen Ausstieg, bevor aus dem ehemaligen potenziellen Gewinner ein echter Verlierer wird.

Wir sehen, dass die Ergebnisse eher bescheiden sind. Natürlich ist die Verteilung von Gewinnern und Verlierern rein willkürlich zusammengestellt. Aber genau das ist es doch, was wir im Trading tagtäglich erleben. Und aus diesen willkürlichen Bedingungen müssen Sie doch das Beste für sich herausholen!

Alles in allem ist die Strategie der festen Stückzahl zwar einträglich, solange wir in der Mehrzahl Gewinner generieren. Sobald wir aber in der Mehrzahl Verluste erleben, kann diese Strategie schnell überproportionale Verluste erzeugen. Das liegt insbesondere daran, dass das Risiko pro Position variiert. Im Ergebnis sind wir mit dieser Vorgehensweise näher am Glücksspiel als am professionellen Trading. Die besondere Gefahr liegt bei diesem Vorgehen insbesondere darin, dass wir bei einem weit entfernten Stop-Loss ein zu hohes Positionsrisiko eingehen müssen. Ein damit verbundener Verlust kann uns dann schnell in die Handlungsunfähigkeit bringen. Ein weiterer Punkt, der bei der festen Stückzahl zu bemängeln ist, ist die fehlende Flexibilität in Bezug auf Veränderungen im Handelskonto.

Wir wissen also, dass eine feste Stückzahl eher mäßige Ergebnisse hervorbringt. Vielleicht ist es ja besser, wenn wir die Stückzahl variieren und stattdessen unsere Titel immer für den gleichen Betrag kaufen, also immer die gleiche Positionsgröße wählen. Damit ist das Risiko ja faktisch auf den eingesetzten Betrag begrenzt.

Nehmen wir wieder beispielhaft an, dass wir von unserem Handelskonto in Höhe von 10.000 Euro immer zehn Prozent in eine Position geben. Wir kaufen also immer Aktien der XY-AG im Wert von 1.000 Euro. Da es allerdings keine halben Aktien gibt, runden wir nach unten ab.

Wie sind die Ergebnisse bei annähernd gleicher Positionsgröße?

| Pos | Einstieg | Stop-Loss | Punkte bis Stop-Loss | Anzahl | Risiko | Positionsgröße | Ausstieg | erzielte Punkte | Summe | Depot |
|---|---|---|---|---|---|---|---|---|---|---|
| | | | | | | | | | | 10.000,00 € |
| 1 | 100 | 85 | 15 | 10 | 150,00 € | 1.000,00 € | 85 | -15 | -150,00 € | 9.850,00 € |
| 2 | 110 | 100 | 10 | 9 | 90,00 € | 990,00 € | 125 | 15 | 135,00 € | 9.985,00 € |
| 3 | 140 | 120 | 20 | 7 | 140,00 € | 980,00 € | 120 | -20 | -140,00 € | 9.845,00 € |
| 4 | 120 | 105 | 15 | 8 | 120,00 € | 960,00 € | 105 | -15 | -120,00 € | 9.725,00 € |
| 5 | 135 | 115 | 20 | 7 | 140,00 € | 945,00 € | 165 | 30 | 210,00 € | 9.935,00 € |
| 6 | 160 | 145 | 15 | 6 | 90,00 € | 960,00 € | 185 | 25 | 150,00 € | 10.085,00 € |
| 7 | 185 | 175 | 10 | 5 | 50,00 € | 925,00 € | 175 | -10 | -50,00 € | 10.035,00 € |
| 8 | 185 | 170 | 15 | 5 | 75,00 € | 925,00 € | 205 | 20 | 100,00 € | 10.135,00 € |
| 9 | 95 | 90 | 5 | 10 | 50,00 € | 950,00 € | 103 | 8 | 80,00 € | 10.215,00 € |
| 10 | 110 | 100 | 10 | 9 | 90,00 € | 990,00 € | 100 | -10 | -90,00 € | 10.125,00 € |
| | | | | | | | | | | 10.125,00 € |

***Abbildung 16: Nach zehn Trades in Folge und fünf Gewinnern sowie fünf Verlierern haben wir auch hier ein positives Ergebnis.***

Wir haben Einstieg, Stop-Loss und Ausstieg unverändert gelassen und nur die Positionsgröße fixiert. Mit der Positionsgröße verändert sich im Anschluss nicht nur die Anzahl der gekauften Aktien, sondern auch das damit verbundene Risiko pro Position. Auch hier sind wir regelmäßig über und unter unserem Wunschwert von einem Prozent. In der Folge gehen wir auf der einen Seite überproportionale Risiken ein und nutzen auf der anderen Seite unsere

Chancen unterproportional. Wir sehen, dass das Gesamtergebnis unter dem der festen Stückzahl bleibt, was teilweise auch an der verringerten Stückzahl pro Trade liegt.

Wie sehen die Ergebnisse aus, wenn wir auch hier den Trade Nummer 8 zum Verlierer küren?

| Pos | Einstieg | Stop-Loss | Punkte bis Stop-Loss | Anzahl | Risiko | Positionsgröße | Ausstieg | erzielte Punkte | Summe | Depot |
|---|---|---|---|---|---|---|---|---|---|---|
| | | | | | | | | | | 10.000,00 € |
| 1 | 100 | 85 | 15 | 10 | 150,00 € | 1.000,00 € | 85 | -15 | -150,00 € | 9.850,00 € |
| 2 | 110 | 100 | 10 | 9 | 90,00 € | 990,00 € | 125 | 15 | 135,00 € | 9.985,00 € |
| 3 | 140 | 120 | 20 | 7 | 140,00 € | 980,00 € | 120 | -20 | -140,00 € | 9.845,00 € |
| 4 | 120 | 105 | 15 | 8 | 120,00 € | 960,00 € | 105 | -15 | -120,00 € | 9.725,00 € |
| 5 | 135 | 115 | 20 | 7 | 140,00 € | 945,00 € | 165 | 30 | 210,00 € | 9.935,00 € |
| 6 | 160 | 145 | 15 | 6 | 90,00 € | 960,00 € | 185 | 25 | 150,00 € | 10.085,00 € |
| 7 | 185 | 175 | 10 | 5 | 50,00 € | 925,00 € | 175 | -10 | -50,00 € | 10.035,00 € |
| 8 | 185 | 170 | 15 | 5 | 75,00 € | 925,00 € | 170 | -15 | -75,00 € | 9.960,00 € |
| 9 | 95 | 90 | 5 | 10 | 50,00 € | 950,00 € | 103 | 8 | 80,00 € | 10.040,00 € |
| 10 | 110 | 100 | 10 | 9 | 90,00 € | 990,00 € | 100 | -10 | -90,00 € | 9.950,00 € |
| | | | | | | | | | | 9.950,00 € |

***Abbildung 17: Mit Trade Nummer 8 auf der Verliererseite kommt auch das Gesamtergebnis in den negativen Bereich.***

Das Gesamtergebnis ist nur unwesentlich besser als bei der festen Stückzahl, dennoch sind wir mit unserem Handelskonto im Verlust. Auch hier sind wir mit diesem Vorgehen hinter den Möglichkeiten, die uns eine optimale Positionsgröße bietet.

Abschließend können wir uns noch anschauen, wie das Gesamtergebnis aussieht, wenn wir mit Trade Nummer 8 bei null aussteigen.

Mit dem Break-even-Trade ist das Gesamtergebnis zwar positiv, aber ein wirklicher Wertzuwachs ist nicht festzustellen.

Glücklicherweise haben wir noch eine dritte Möglichkeit, die optimale Positionsgröße zu bestimmen. Wo wir im ersten Anlauf die Stückzahl und im zweiten Versuch die Positionsgröße konstant hielten, probieren wir als Drittes die Idee aus, das Risiko konstant zu halten. Vielleicht bringt uns das ja bessere Ergebnisse.

| Pos | Einstieg | Stop-Loss | Punkte bis Stop-Loss | Anzahl | Risiko | Positionsgröße | Ausstieg | erzielte Punkte | Summe | Depot |
|---|---|---|---|---|---|---|---|---|---|---|
| | | | | | | | | | | 10.000,00 € |
| 1 | 100 | 85 | 15 | 10 | 150,00 € | 1.000,00 € | 85 | -15 | -150,00 € | 9.850,00 € |
| 2 | 110 | 100 | 10 | 9 | 90,00 € | 990,00 € | 125 | 15 | 135,00 € | 9.985,00 € |
| 3 | 140 | 120 | 20 | 7 | 140,00 € | 980,00 € | 120 | -20 | -140,00 € | 9.845,00 € |
| 4 | 120 | 105 | 15 | 8 | 120,00 € | 960,00 € | 105 | -15 | -120,00 € | 9.725,00 € |
| 5 | 135 | 115 | 20 | 7 | 140,00 € | 945,00 € | 165 | 30 | 210,00 € | 9.935,00 € |
| 6 | 160 | 145 | 15 | 6 | 90,00 € | 960,00 € | 185 | 25 | 150,00 € | 10.085,00 € |
| 7 | 185 | 175 | 10 | 5 | 50,00 € | 925,00 € | 175 | -10 | -50,00 € | 10.035,00 € |
| 8 | 185 | 170 | 15 | 5 | 75,00 € | 925,00 € | 185 | 0 | 0,00 € | 10.035,00 € |
| 9 | 95 | 90 | 5 | 10 | 50,00 € | 950,00 € | 103 | 8 | 80,00 € | 10.115,00 € |
| 10 | 110 | 100 | 10 | 9 | 90,00 € | 990,00 € | 100 | -10 | -90,00 € | 10.025,00 € |
| | | | | | | | | | | 10.025,00 € |

***Abbildung 18: Auch bei der festen Positionsgröße bringt der Break-even-Trade ein positives Gesamtergebnis.***

Nehmen wir also wieder an, wir wollen ausgehend von unserem 10.000-Euro-Handelskonto genau ein Prozent Risiko pro Trade eingehen. Das sind 100 Euro Risiko, die wir pro Position in Kauf nehmen. Wie sehen die Ergebnisse unter sonst unveränderten Parametern aus?

Auch hier sehen wir ein positives Ergebnis, was an sich ja nicht weiter schlimm ist. Lassen Sie uns zwischen den Zeilen lesen. Unter welchen Umständen ist dieses Ergebnis zustande gekommen? Wir haben unser Positionsrisiko in jedem einzelnen Trade nahezu konstant gehalten. Da es keine halben Aktien gibt, waren wir erneut gezwungen abzurunden und unser Risiko etwas zu verringern. Infolge des konstanten Risikos variieren sowohl die jeweilige Stückzahl als auch die jeweilige Positionsgröße.

Durch die Fixierung des Risikos erhalten wir genau das, was wir für unser Trading benötigen. Eine hohe Stückzahl, wenn der Stop-Loss nah am Einstiegspunkt ist, und eine niedrige Stückzahl bei weiter entferntem Stop-Loss. Da das Risiko immer gleich bleibt, wahren wir uns damit die Chance auf hohe Gewinne durch die entsprechend variable Anzahl an Aktien.

| Pos | Einstieg | Stop-Loss | Punkte bis Stop-Loss | Anzahl | Risiko | Positionsgröße | Ausstieg | erzielte Punkte | Summe | Depot |
|---|---|---|---|---|---|---|---|---|---|---|
| | | | | | | | | | | 10.000,00 € |
| 1 | 100 | 85 | 15 | 6 | 90,00 € | 600,00 € | 85 | -15,00 | -90,00 € | 9.910,00 € |
| 2 | 110 | 100 | 10 | 10 | 100,00 € | 1.100,00 € | 125 | 15,00 | 150,00 € | 10.060,00 € |
| 3 | 140 | 120 | 20 | 5 | 100,00 € | 700,00 € | 120 | -20,00 | -100,00 € | 9.960,00 € |
| 4 | 120 | 105 | 15 | 6 | 90,00 € | 720,00 € | 105 | -15,00 | -90,00 € | 9.870,00 € |
| 5 | 135 | 115 | 20 | 5 | 100,00 € | 675,00 € | 165 | 30,00 | 150,00 € | 10.020,00 € |
| 6 | 160 | 145 | 15 | 6 | 90,00 € | 960,00 € | 185 | 25,00 | 150,00 € | 10.170,00 € |
| 7 | 185 | 175 | 10 | 10 | 100,00 € | 1.850,00 € | 175 | -10,00 | -100,00 € | 10.070,00 € |
| 8 | 185 | 170 | 15 | 6 | 90,00 € | 1.110,00 € | 205 | 20,00 | 120,00 € | 10.190,00 € |
| 9 | 95 | 90 | 5 | 20 | 100,00 € | 1.900,00 € | 103 | 8,00 | 160,00 € | 10.350,00 € |
| 10 | 110 | 100 | 10 | 10 | 100,00 € | 1.100,00 € | 100 | -10,00 | -100,00 € | 10.250,00 € |
| | | | | | | | | | | 10.250,00 € |

***Abbildung 19: Auch die Variante »festes Risiko« ergibt ein positives Gesamtergebnis.***

Wie sieht das Ergebnis jetzt aus, wenn wir aus dem achten Trade wieder einen Verlierer machen?

Na bitte, genau jetzt zahlt sich aus, dass das Risiko konstant gehalten wird. Dann spielt es keine Rolle, ob der Stop-Loss weiter vom oder näher am Einstiegspunkt liegt. Und deshalb kommt es bei einem guten Money-Management – bitte noch etwas Geduld bis dahin – auch dann zu positiven Ergebnissen, wenn wir in weniger als der Hälfte der Trades Erfolg haben. In diesem Falle kommen wir sogar mit nur 40 Prozent Erfolgsquote zu einem positiven Gesamtergebnis!

Zum Schluss der Betrachtung werfen wir noch einen Blick auf das Ergebnis, das entsteht, wenn der Trade Nummer 8 ein Break-even-Trade ist.

| Pos | Einstieg | Stop-Loss | Punkte bis Stop-Loss | Anzahl | Risiko | Positionsgröße | Ausstieg | erzielte Punkte | Summe | Depot |
|---|---|---|---|---|---|---|---|---|---|---|
| | | | | | | | | | | 10.000,00 € |
| 1 | 100 | 85 | 15 | 6 | 90,00 € | 600,00 € | 85 | -15,00 | -90,00 € | 9.910,00 € |
| 2 | 110 | 100 | 10 | 10 | 100,00 € | 1.100,00 € | 125 | 15,00 | 150,00 € | 10.060,00 € |
| 3 | 140 | 120 | 20 | 5 | 100,00 € | 700,00 € | 120 | -20,00 | -100,00 € | 9.960,00 € |
| 4 | 120 | 105 | 15 | 6 | 90,00 € | 720,00 € | 105 | -15,00 | -90,00 € | 9.870,00 € |
| 5 | 135 | 115 | 20 | 5 | 100,00 € | 675,00 € | 165 | 30,00 | 150,00 € | 10.020,00 € |
| 6 | 160 | 145 | 15 | 6 | 90,00 € | 960,00 € | 185 | 25,00 | 150,00 € | 10.170,00 € |
| 7 | 185 | 175 | 10 | 10 | 100,00 € | 1.850,00 € | 175 | -10,00 | -100,00 € | 10.070,00 € |
| 8 | 185 | 170 | 15 | 6 | 90,00 € | 1.110,00 € | 170 | -15,00 | -90,00 € | 9.980,00 € |
| 9 | 95 | 90 | 5 | 20 | 100,00 € | 1.900,00 € | 103 | 8,00 | 160,00 € | 10.140,00 € |
| 10 | 110 | 100 | 10 | 10 | 100,00 € | 1.100,00 € | 100 | -10,00 | -100,00 € | 10.040,00 € |
| | | | | | | | | | | 10.040,00 € |

***Abbildung 20: Wieder ist der achte Trade ein Verlierer, das Gesamtergebnis aber bleibt positiv!***

| Pos | Einstieg | Stop-Loss | Punkte bis Stop-Loss | Anzahl | Risiko | Positionsgröße | Ausstieg | erzielte Punkte | Summe | Depot |
|---|---|---|---|---|---|---|---|---|---|---|
| | | | | | | | | | | 10.000,00 € |
| 1 | 100 | 85 | 15 | 6 | 90,00 € | 600,00 € | 85 | -15,00 | -90,00 € | 9.910,00 € |
| 2 | 110 | 100 | 10 | 10 | 100,00 € | 1.100,00 € | 125 | 15,00 | 150,00 € | 10.060,00 € |
| 3 | 140 | 120 | 20 | 5 | 100,00 € | 700,00 € | 120 | -20,00 | -100,00 € | 9.960,00 € |
| 4 | 120 | 105 | 15 | 6 | 90,00 € | 720,00 € | 105 | -15,00 | -90,00 € | 9.870,00 € |
| 5 | 135 | 115 | 20 | 5 | 100,00 € | 675,00 € | 165 | 30,00 | 150,00 € | 10.020,00 € |
| 6 | 160 | 145 | 15 | 6 | 90,00 € | 960,00 € | 185 | 25,00 | 150,00 € | 10.170,00 € |
| 7 | 185 | 175 | 10 | 10 | 100,00 € | 1.850,00 € | 175 | -10,00 | -100,00 € | 10.070,00 € |
| 8 | 185 | 170 | 15 | 6 | 90,00 € | 1.110,00 € | 185 | 0,00 | 0,00 € | 10.070,00 € |
| 9 | 95 | 90 | 5 | 20 | 100,00 € | 1.900,00 € | 103 | 8,00 | 160,00 € | 10.230,00 € |
| 10 | 110 | 100 | 10 | 10 | 100,00 € | 1.100,00 € | 100 | -10,00 | -100,00 € | 10.130,00 € |
| | | | | | | | | | | 10.130,00 € |

***Abbildung 21: Erwartungsgemäß ist das Gesamtergebnis auch mit dem Break-even-Trade positiv.***

Selbstverständlich bleibt das Ergebnis auch jetzt positiv, ebenso wie in den beiden vorhergehenden Varianten der Betrachtung.

Wir können die Idee des festen Risikos noch vertiefen. In unserer Variante haben wir das Risiko am Anfangsbetrag unseres Handelskontos praktisch eingefroren. Das macht innerhalb einer gewissen Kontogröße durchaus Sinn, da sich gerade mit Aktien kleine Feinheiten im Cent-Bereich durch die mangelnde Fähigkeit der Stückelung von Aktien nicht abbilden lassen. Mit wachsendem Konto sieht das natürlich anders aus. Dann ist es ratsam, nicht die ursprüngliche Kontogröße als Bezugspunkt zu wählen, sondern immer die jeweils aktuelle. Damit verstärkt sich der Vorteil des konstanten Risikos noch einmal, weshalb wir besser auch vom »festen prozentualen Risiko« sprechen.

Wir hatten bereits bei der Bestimmung des Risikos festgestellt, dass wir eine automatische Bremse im Verlustfall haben, da mit kleinerem Konto der absolute Risikobetrag und damit auch die Positionsgröße geringer werden. Das Einzige, was gleich bleibt, ist das prozentuale Risiko.

So können wir in guten Zeiten mit mehreren Gewinnen hintereinander schnell wachsen und in schlechten Zeiten gebremst langsam unser Konto schonen. Diesen automatischen Effekt von Bremse und Gaspedal haben wir weder mit der festen Stückzahl noch mit der festen Positionsgröße. Das ist auch der Grund, warum diese beiden Varianten regelmäßig zu suboptimalen Ergebnissen führen. Wir werden uns diesen Effekt im letzten Kapitel dieses Buches noch einmal vornehmen.

Machen Sie sich also die Methodik des festen prozentualen Risikos zunutze und professionalisieren Sie damit Ihr Risiko-Management!

Wie nehmen Klaus, Martina und Peter unsere Erkenntnisse auf? Und wie setzen sie diese in ihre Trading-Praxis um? Lassen wir als Ersten Klaus zu Wort kommen:

> *»Das mit dem Stop-Loss macht absolut Sinn für mich. Gerade da ich mich im Forex-Trading gehebelt in den Markt begebe, ist es mir wichtig, mein Risiko entsprechend zu begrenzen. Das geht am besten über die Charttechnik. Eigentlich wollte ich immer fixe Beträge in Höhe von 10.000 US-Dollar[5] handeln, aber die Fixierung des Risikos macht natürlich mehr Sinn. Glücklicherweise kann ich bei meinem Broker auch ganz kleine Stückelungen über Micro-Lots handeln, sodass ich immer mit dem gleichen prozentualen Risiko arbeiten kann.«*

Bei Klaus kommen zwei Punkte zusammen, die wir näher erklären müssen. Zum einen hat Klaus zwar »nur« 5.000 Euro auf seinem Handelskonto, handelt aber Beträge von 10.000 US-Dollar oder mehr. Das wird dadurch möglich, dass der Devisenhandel nicht in einem Verhältnis von 1 : 1 durchgeführt wird, sondern »gehebelt« in einem Verhältnis von 1 : 100 oder höher. Das ermöglicht Klaus theoretisch den Handel mit dem 100-Fachen seines Einsatzes. Gerade wenn Sie gehebelt handeln, ist ein umsichtiges Risiko-Management oberste Pflicht für Sie.

Zum anderen spricht Klaus von Micro-Lots. Viele Broker bieten im Devisenhandel kleine und kleinste Stückelungen an, die es ermög-

[5] Obwohl das Konto von Klaus mit 5.000 Euro bestückt ist, wird der Devisenhandel in US-Dollar abgewickelt. Die Umrechnung findet automatisch auf dem Handelskonto statt.

lichen, das Risiko-Management und die Positionsgröße exakt aufeinander abzustimmen. So können Sie auch mit einem verhältnismäßig kleinen Konto bereits professionell arbeiten.

Wie sehen die Überlegungen von Martina aus? Wie geht sie an die Bestimmung der optimalen Positionsgröße heran?

> *»Da ich hauptsächlich Aktien im längerfristigen Zeitraum über den Wochenchart handeln will, wird der Stop-Loss regelmäßig weit von meinem Einstieg entfernt sein. Dadurch werde ich wahrscheinlich eher wenige Stücke einer Aktie einkaufen können. Somit kann ich aber auch mehrere Titel in mein Depot legen, was mir eine breitere Streuung ermöglicht. Da ich defensiv trade, werde ich bei der Bestimmung meiner Positionsgröße nach unten abrunden.«*

Martina spricht hier noch einen interessanten Punkt an. Dadurch, dass sie aufgrund der weiter entfernten Stopps kleinere Positionsgrößen einkauft, hat sie die Möglichkeit, mehr Titel in ihr Depot aufzunehmen und damit gleichzeitig die Chancen auf Gewinne zu erhöhen. Selbstverständlich muss sie dann besonders auf ihr Gesamtrisiko achten.

Hören wir abschließend noch Peter. Wie sehen seine Überlegungen aus?

> *»Bei mir ist das ja verhältnismäßig einfach. Ich werde meine charttechnischen Betrachtungen natürlich nach allen Regeln der Kunst durchführen. Den Stop-Loss lege ich lieber etwas weiter von meinem Einstieg entfernt, damit ich nicht unglücklich ausgestoppt werde. Schließlich will ich dem Markt noch Luft zum Atmen lassen. Das bestimmt gleichzeitig auch meine Positionsgröße, die ich pro Position eingehe. Obwohl: Als Hebelzertifikate-Trader habe ich ja noch eine besondere Möglichkeit im Umgang mit dem prozentualen Risiko, dem Stop-Loss und der Positionsgröße. Da kann ich mir Vieles einfach machen. Bei der Masse an Zertifikaten und Emittenten*

*gibt es mit Sicherheit immer Zertifikate, die an meinem Stop-Loss-Punkt ausgestoppt werden und verfallen. Wenn ich jetzt mein Hebelzertifikat in genau dem Umfang kaufe, wie mein Risikobetrag es vorsieht, dann habe ich doch alle Fragen auf einmal beantwortet!«*

Peter stößt einen interessanten Punkt im Handel mit Hebelzertifikaten an. Durch ihre Konstruktion sind Hebelzertifikate mit einer Knock-out-Schwelle versehen, an der sie ausgestoppt werden.[6] Für Trader, die mit Hebelzertifikaten handeln, gibt es die Möglichkeit, sich exakt die Zertifikate herauszusuchen, deren Knock-out-Schwelle mit dem eigenen Stop-Loss übereinstimmt. Wer wie Peter auf diese Weise vorgeht, bei dem ist das einzugehende Risiko in dem Fall tatsächlich gleich der Positionsgröße. Natürlich müssen auch die Gebühren in die Planung eingerechnet werden, was aber nicht nur für den Handel mit Hebelzertifikaten gilt, sondern für nahezu alle Produkte.

Das Wichtigste in Kürze zusammengefasst:

> Risiko-Management hilft Ihnen dabei, sich rechtzeitig von »Performance-Killern« zu trennen und Ihre finanzielle Basis aufrechtzuerhalten.

> Gerade der Weg zurück wird bei großen überproportionalen Verlusten zu einer schier unlösbaren Aufgabe. Ab einem Verlust von 50 Prozent muss ein Gewinn von 100 Prozent erreicht werden, um wieder am Ausgangspunkt anzukommen.

> Um immer handlungsfähig zu bleiben, ist es für Sie wichtig, einen Risikobetrag pro Position festzulegen, der für Sie mental und finanziell verkraftbar ist. Dieser Betrag wird in Abhängigkeit von Ihrem Handelskonto festgelegt und bewegt sich regelmäßig zwischen einem Prozent und zwei Prozent des Handelskontos.

> Neben dem Einzelrisiko ist es auch wichtig, einen Betrag festzulegen, der Ihr Gesamtrisiko limitieren soll. Gleichzeitig sollten

[6] An der Stelle werden die Zertifikate vom Emittenten zu einem marginalen Restwert vom Markt genommen. Die Auszahlung des Restwertes ist notwendig, um den entstandenen Verlust steuerlich geltend machen zu können.

Sie einen Plan festlegen, der angibt, was zu tun ist, wenn dieser Betrag erreicht wird.

> Um Ihre Trades gegen überproportionale Verluste abzusichern, ist es notwendig, einen Punkt festzulegen, an dem die Wahrscheinlichkeit eines Gelingens nicht mehr gegeben ist. Dieser Punkt ist Ihr Stop-Loss.

> Der Stop-Loss wird in der Praxis über charttechnische Marken bestimmt und idealerweise mit Positionseröffnung in den Markt gegeben.

> Über den Stop-Loss und das einzugehende Risiko pro Trade lässt sich die optimale Positionsgröße bestimmen. Dabei wird das prozentuale Risiko in Abhängigkeit vom Handelskonto fixiert, und die zu handelnde Stückzahl sowie der einzusetzende Kapitalbetrag variieren von Position zu Position.

simplified

# Kapitel 3: Money-Management

Eine bekannte Börsenregel besagt: »Verluste begrenzen, Gewinne laufen lassen«. Diese gut gemeinte Regel wird gerade Börsenneulingen zu ihrem Start mit auf den Weg gegeben. Doch ist es wirklich ratsam, immer so zu verfahren?

In der Praxis müssen wir uns das im Extremfall so vorstellen, dass Trader eine Position eröffnen, ihren Stop-Loss in den Markt legen und dann den Trade laufen lassen. Ein konkretes Ziel für ihren Trade haben sie dabei oftmals nicht. Der Gewinn wird dem Zufall überlassen.

Können wir ein solches Vorgehen wirklich als professionelles Trading bezeichnen?

Es ist unumstritten, dass ein Trade nach seiner Eröffnung »Luft zum Atmen« und Bewegungsfreiheit benötigt. Doch einen Trade einfach so laufen lassen?

Um die Gewinne erfolgreich laufen zu lassen, benötigen wir einen Trend, der nur geringe Korrekturen mit sich bringt. Genau an diesem Punkt trifft Theorie auf Praxis: Wie oft und wie lange haben wir solche Trends im Vergleich zu nach oben und unten begrenzten Seitwärtsbewegungen?

Aus diesem Grund müssen wir diese traditionelle Börsenregel kritisch hinterfragen: Was passiert, wenn Sie in einem Seitwärtsmarkt nach dieser Regel verfahren? Sie werden Ihre anfänglichen Buchgewinne[7] regelmäßig wieder zurückgeben, wenn der Markt zwischen seinen Begrenzungen hin- und herpendelt.

Oftmals gleicht diese Strategie einem Glücksspiel, und der Ausgang ist ungewiss. Wenn ein Trade dann doch aufgeht und ein hoher Gewinn generiert wird, ist die Freude groß. Demgegenüber steht dann aber eine Vielzahl an Trades, die irgendwo zwischen einem kleinen Gewinn, einem Break-even oder einem Verlust ausgestoppt wurden. In der Summe heißt es dann schnell: »Außer Spesen nichts gewesen«. Was den Broker erfreut, ist für den engagierten Trader umso ärgerlicher.

Neben den nicht realisierten Gewinnen kommt noch ein weiterer Punkt hinzu: Stellen Sie sich vor, Sie investieren Ihre Zeit in die charttechnische Analyse, identifizieren einen interessanten Titel und eröffnen gemäß Ihrer Strategie eine Position. Ihre Trading-Idee geht auf und Sie sehen, wie der Buchgewinn stetig ansteigt. Da Sie den Gewinn laufen lassen wollen, geben Sie dem Trade Raum. Es kommt, was kommen muss: Die Dynamik wird schwächer, der Kurs beginnt zu fallen und was vorher noch ein ansehnlicher Buchgewinn war, schmilzt zusammen wie die Butter in der Sonne.

Stellen Sie sich dieses Szenario nicht nur einmal vor, sondern in – sagen wir – rund einem Drittel Ihrer durchgeführten Trades. Und jetzt fragen Sie sich selbst:

> Wie sehr können Sie noch Ihrer Trading-Strategie vertrauen?

> Wie sehr können Sie sich selbst und Ihrer Analysetätigkeit vertrauen?

> Wie sicher wollen Sie am Trading festhalten?

> Mit welcher Erwartung eröffnen Sie den nächsten Trade?

[7] Der Buchgewinn ist der Gewinn, der auf Ihrem Handelskonto erscheint, aber noch nicht realisiert wurde. Sobald Sie den Trade beenden, wird aus dem Buchgewinn ein realisierter Gewinn.

Was bleibt, ist Frustration. Über die investierte Zeit, die entgangenen Gewinne und das Wechselbad der Gefühle. Dann ist Ihnen auch nicht mehr geholfen, wenn ab und an ein richtig guter Trade mit einem hohen Gewinn den Weg in Ihre Statistik findet. Ihre Frustration über die vielen Situationen, in denen der Gewinn schon greifbar war und im Nichts verschwunden ist, wird einfach zu groß sein, als dass Sie ein stabiles Vertrauen in sich selbst und Ihre Trading-Strategie aufbauen könnten.

Letztlich wird ein solches Vorgehen darin enden, dass Sie ständig auf den großen Gewinner hoffen, der Sie für die Mühen der vielen kleinen Misserfolge entschädigt. In diesem Zusammenhang heißt es dann schnell: »Wäre ich damals bei der XY-Aktie eingestiegen, dann wäre jetzt alles gut ...«. Die anschließende Frage lautet unweigerlich: Und wann genau wollten Sie aus diesem großen Gewinner wieder aussteigen?

Ein letzter Punkt komplettiert unsere kritische Diskussion: Sie hatten sich am Anfang des Buches gefragt, was Sie mit Ihrem Handel – dem Trading – erreichen wollen. Sie erinnern sich? Gut. Gehen wir an dieser Stelle davon aus, dass Sie mit Ihrem Trading Geld verdienen wollen.

Fragen Sie sich selbst: Wollen Sie das dem Zufall überlassen oder durch kontinuierliche Gewinne erreichen?

An diesem Punkt verlassen wir das Risiko-Management und gehen die ersten Schritte hin zu einem professionellen Money-Management, indem wir Überlegungen in Richtung konkrete Ziele und Zielerreichung anstellen.

## Vom Risiko-Management zum Money-Management: Was hat Risikobegrenzung mit Gewinnermittlung zu tun?

Im Rahmen der Risikobegrenzung hatten wir festgestellt, dass Trading auf Wahrscheinlichkeiten beruht und den Punkt als Stop-Loss markiert, an dem die Wahrscheinlichkeit, dass unsere Trading-Idee aufgeht, nicht mehr gegeben ist. Indem wir überproportionalen Verlusten den Riegel vorgeschoben und uns an Wahrscheinlichkeiten orientiert haben, haben wir Sicherheit für die Umsetzung unserer Trading-Entscheidungen gewinnen können.

Wenn es um Gewinne geht, stehen wir vor derselben Situation. Die Gewinne einfach laufen zu lassen, bedeutet, sich wiederum in die Unsicherheit zu begeben. Wir hatten bereits festgestellt, dass Sie nicht in die Zukunft sehen können. Genauso wenig wie Sie wissen, in *welche* Richtung der Kurs sich nach Ihrem Einstieg tatsächlich bewegt, wissen Sie auch nicht, *wie weit* der Kurs sich in diese Richtung bewegt.

Um diesen weiteren Aspekt der Unsicherheit ebenfalls in Sicherheit zu wandeln, können wir wieder das Konzept der Wahrscheinlichkeiten anwenden. Dabei nutzen wir die charttechnische Analyse, um den Punkt zu identifizieren, den der Kurs mit der größten Wahrscheinlichkeit erreichen wird.

Als Faustregel können wir sagen, dass die nächstgelegenen Punkte mit der größten Wahrscheinlichkeit erreicht werden. Je weiter weg ein Zielpunkt vom Einstiegspunkt liegt, desto geringer ist die Wahrscheinlichkeit, dass dieser in absehbarer Zeit ohne Korrektur erreicht wird.

Für Ihre Trade-Planung bedeutet dies, dass Sie bei nahe liegenden Zielen eine schnelle Erreichung erwarten können und bei weiter entfernten Zielen Korrekturen einplanen müssen.

Für die Zielbestimmung gibt es mehrere Methoden. Zwei wollen wir uns genauer anschauen. Die eine direkt jetzt und die andere dann im nächsten Abschnitt.

Sie erinnern sich, dass wir für die Bestimmung unseres Stop-Losses das letzte Tief nach einer Korrektur im beginnenden Trend genutzt haben. Für die Gewinnermittlung beschreiten wir einen ähnlichen Weg.

Für unser Kursziel suchen wir einen Punkt, der mit hoher Wahrscheinlichkeit im Rahmen der laufenden Bewegung erreicht werden kann. Regelmäßig ist das der letzte Hochpunkt nach einer Korrektur oder der nächstgelegene Widerstand im Trendverlauf. Da wir an diesen Punkten regelmäßig eine Gegenreaktion erwarten können, ist es sinnvoll, wenn Sie hier Ihr Gewinnziel festlegen.

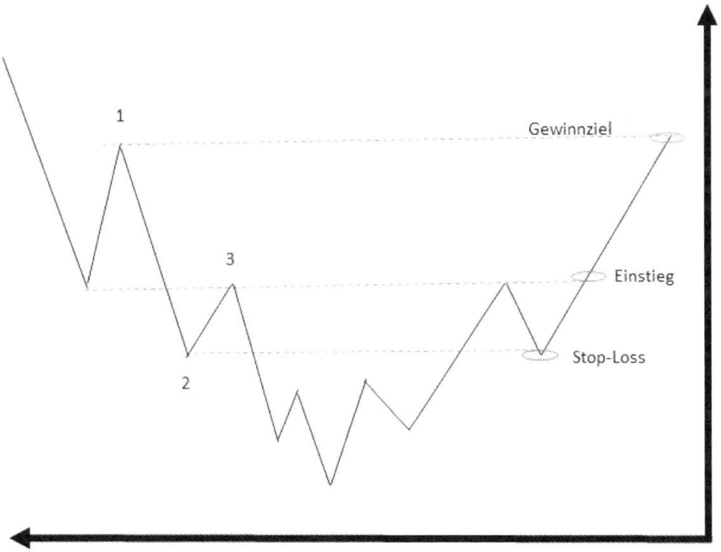


*Abbildung 22: Festlegung eines Gewinnziels im Aufwärtstrend*

Die Abbildung 22 zeigt uns den typischen Verlauf eines beliebigen Wertes mit einem Abwärtstrend, einer Bodenbildung und einer Trendwende. Mit dem auf der Höhe von Punkt 1 erreichten Hochpunkt und der Anschlusskorrektur auf Höhe der Unterstützung bei Punkt 2 können wir davon ausgehen, dass Kaufinteresse bei den Marktteilnehmern besteht.

Wir wollen die Position eröffnen, wenn der Kurs den Widerstand an Punkt 3 durchbricht. Den Stop-Loss platzieren wir unterhalb des letzten Tiefs in Höhe von Punkt 2, wo wir gleichzeitig eine Unterstützung identifiziert haben. Da wir in einen neuen Trend einsteigen und darauf spekulieren, dass ein neues Hoch erreicht wird, wählen wir den nächsten Widerstand in Reichweite als Ziel, der bei Punkt 1 liegt. An diesem Punkt können wir mit einer zumindest temporären Korrektur rechnen. Um unseren Gewinn zu sichern, steigen wir an diesem Punkt aus dem Trade aus.

Wir wollen aus der Unsicherheit heraus und auch für den Gewinnfall Sicherheit erlangen. Auch auf die Gefahr hin, an dieser Stelle eine der heiligen Trading-Kühe zu schlachten, kann es deshalb nur eine Empfehlung geben:

Setzen Sie sich ein konkretes Gewinnziel und nehmen Sie dort Ihre Gewinne mit!

Wir können dieses Vorgehen direkt in die Praxis übertragen und schauen uns das Währungspaar EUR/GBP an:

***Abbildung 23: EUR/GBP in der Tageschart-Darstellung (eine Kerze = ein Tag). Nach einem starken Abverkauf bildet das Währungspaar einen Boden und beginnt, einen neuen Aufwärtstrend auszubilden. Zwischen 0,7970 GBP und 0,8120 GBP läuft das Währungspaar zunächst seitwärts.***

Quelle: www.tradesignalonline.com

Das Währungspaar EUR/GBP hat nach einem Abverkauf einen Boden bei 0,7760 GBP gefunden – Punkt 1. Dort stabilisiert sich das Währungspaar und klettert bis an die Widerstandslinie bei 0,7970 GBP – unser Punkt 2. Erwartungsgemäß fällt das Währungspaar von dort zurück und bildet an Punkt 3 ein höheres Tief aus. Wie Sie bereits wissen, zeugt das von zumindest temporärem Kaufinteresse, was den Kurs dann wieder bis an Punkt 4 steigen lässt. Die darauf folgende Korrektur geht bis zum Punkt 5, was uns in unserer positiven Einschätzung bestätigt. Unseren Einstieg platzieren wir etwas oberhalb von Punkt 2 und 4 auf 0,7970 GBP. Unseren Stop-Loss legen wir unterhalb von Punkt 5 auf 0,7880 GBP. Als Ziel legen wir den Bereich fest, der in der Vergangenheit bereits einen relevanten Widerstand bildete: der Bereich um 0,8090 GBP. Dort wollen wir unseren Trade mit Gewinn auflösen.

Jetzt fragen Sie sich vielleicht, warum gerade diese Marke gewählt wurde. Das hat mehrere Gründe. Zum einen sehen Sie, dass an den Punkten A, B und C der Kurs jeweils nach unten abprallte. Diese Punkte sind relativ nah beieinander, sodass wir sie als einen Widerstandsbereich sehen können. Im Bereich 0,8090 GBP – wo die Punkte A und C liegen – kam es mehrfach zu Reaktionen. Ein Überschießen bei Punkt B war nicht von Dauer. Aus diesem Grund wurden die niedrigeren Punkte als Zielmarke gewählt, denn das Erreichen von Punkt B erscheint weniger wahrscheinlich. Zum anderen gilt gerade im Devisenhandel der Bereich um die runden Marken als besonders reaktiv. Diese Bereiche, wie beispielsweise 0,8100 GBP, stehen unter besonderer Beobachtung vieler Marktteilnehmer. Auch aus diesem Grund ist es ratsam, den Trade etwas vorher aufzulösen und die aufgelaufenen Gewinne zu sichern.

Wir sehen im weiteren Verlauf, dass wir auf diese Weise nahezu die gesamte Wegstrecke der Aufwärtsbewegung nach dem Ausbruch mitnehmen konnten. Zusätzlich erkennen wir, dass sich im Anschluss an unseren Ausstieg eine Seitwärtsbewegung gebildet hat, die noch mindestens zwei weitere interessante Trading-Gelegenheiten anbot.

Wenn Sie diese Beobachtungen mit der Alternative »Gewinne laufen lassen« vergleichen, wo sehen Sie die besseren Möglichkeiten für sich, um mit dem Trading Geld zu verdienen und Ihr Handelskapital zu vergrößern?

Durch Ihre erfolgreichen Trades können Sie außerdem Ihr Selbstvertrauen als Händler aufbauen. Ganz im Gegensatz zu dem Trader, der bei dieser Bewegung mehrfach erleben musste, wie sein Buchgewinn regelmäßig gegen null strebte, und der infolgedessen langsam an sich und seiner Strategie zu zweifeln begann.

Für die technische Umsetzung Ihrer Strategie können Sie in den meisten Handelsplattformen Ihr Kursziel zeitgleich mit Ihrer Stop-Loss-Order eingeben und in den Markt stellen.[8] Auf diese Weise

---

[8] Das geschieht dann als sogenannte OCO-Order: One-Cancels-Other. Wird die eine Order ausgelöst, wird die andere automatisch gelöscht. Damit stellen Sie sicher, dass nicht noch versehentlich offene Orders von Ihnen im Markt verbleiben.

sind Ihre beiden »Begrenzungspfähle« gesetzt und Sie kennen den gesamten Ausgang Ihres Trades bereits mit Sicherheit bei der Positionseröffnung.

Jetzt haben wir alle Komponenten zusammengestellt, die Sie benötigen, um Sicherheit in Ihr Trading zu bekommen. Sie wissen bei Eröffnung, was Sie maximal verlieren können, und Sie wissen auch, was Sie bestenfalls gewinnen können. Was Sie aber noch nicht wissen, ist, ob ein Trade wirklich Sinn macht, oder ob Sie lieber auf eine andere Gelegenheit warten sollten. Das wollen wir jetzt klären.

## Chance oder Risiko? So verbessern Sie die Qualität Ihrer Trades!

Eine der wichtigsten Komponenten für einen dauerhaften Erfolg im Trading ist die Fähigkeit, vielversprechende Möglichkeiten von den nicht vielversprechenden zu trennen und nur die Trades einzugehen, die auch ein entsprechendes Gewinnpotenzial haben.

Leider wissen Sie das nicht vorher und Sie müssen sich mit dem Konzept der Wahrscheinlichkeiten behelfen, um zumindest eine gewisse Sicherheit zu finden. Wie oben besprochen, müssen Sie sich jeweils ein Gewinnziel festlegen, das mit einer hohen Wahrscheinlichkeit erreicht werden kann. Dabei macht es natürlich keinen Sinn, ein Ziel zu wählen, das in unmittelbarer Nähe zum Einstiegspunkt liegt, nur um einen schnellen Gewinn zu erzielen. Gingen Sie so vor, dann hätten Sie viele kleine Gewinne, die durch einen Verlust eliminiert würden. Diese Rechnung kann langfristig natürlich nicht aufgehen.

Aus diesem Grund ist es wichtig, dass Sie den potenziellen Verlust und den potenziellen Gewinn eines Trades ins Verhältnis setzen. Immer in dem Bewusstsein, dass Sie für das eingegangene Risiko Ihrer Investition auch angemessen entschädigt werden wollen und müssen.

Dieses Verhältnis wird durch das Chance-Risiko-Verhältnis angegeben. Das Chance-Risiko-Verhältnis – kurz CRV – gibt an, wie hoch die Gewinnchance im Verhältnis zum eingegangenen Risiko überhaupt ist. Die Berechnung ist denkbar einfach:

$$CRV = \frac{Gewinn}{Verlust}$$

Wenn wir beispielsweise einen Trade planen, bei dem wir 100 Euro Gewinn erzielen können, und unser festgelegtes Risiko bei 50 Euro liegt, dann beträgt unser Chance-Risiko-Verhältnis:

$$CRV = \frac{100,-€}{50,-€} = 2$$

Angenommen, wir würden uns mit einem kleinen Gewinn in Höhe von 50 Euro zufriedengeben, dann sähe unser Chance-Risiko-Verhältnis so aus:

$$CRV = \frac{50,-€}{50,-€} = 1$$

Als letztes Szenario hierzu können wir uns anschauen, wie das Chance-Risiko-Verhältnis aussieht, wenn wir mit einem kleinen Gewinn in Höhe von 25 Euro aussteigen, unseren Trade also direkt nach der Eröffnung und ersten Gewinnen wieder auflösen:

$$CRV = \frac{25,-€}{50,-€} = 0{,}5$$

Aus dem Chance-Risiko-Verhältnis können Sie ablesen, wann ein Trade sinnvoll ist, und wann nicht. Es ist wie bei jeder Investition: Wenn wir von vornherein wissen, dass wir weniger bekommen, als wir riskieren, dann macht diese Investition keinen Sinn. Das Chance-Risiko-Verhältnis drückt diese Logik in Zahlen aus.

Für die Interpretation bedeutet dies, dass die Mindestanforderung, die Sie an Ihr Chance-Risiko-Verhältnis haben müssen, bei CRV = 1 liegt. Ist das Chance-Risiko-Verhältnis niedriger als 1, gehen Sie ein höheres Risiko ein, als der Trade überhaupt an Gewinn verspricht. Dazu kommt, dass Sie für den Gewinnfall mit Wahrscheinlichkeiten rechnen, es folglich nicht sicher ist, ob der Gewinn tatsächlich in dieser Höhe ausfällt. Für den Verlustfall rechnen Sie zwar auch mit Wahrscheinlichkeiten, doch wenn dieser eintritt, dann wissen Sie mit absoluter Sicherheit, was Sie verlieren können. Dieser eingebaute Nachteil verstärkt das zu niedrige Chance-Risiko-Verhältnis weiter zu Ihren Ungunsten.[9]

Die Mindestanforderung an das Chance-Risiko-Verhältnis muss dementsprechend 1 sein. Dann bekommen Sie für Ihr eingegangenes Risiko den gleichen Betrag ausbezahlt. Im Verlustfall wird ein vorangegangener Gewinn direkt wieder ausradiert. In der Summe müssen Sie schon sehr erfolgreich sein, um mit diesem Chance-Risiko-Verhältnis auf nennenswerte Ergebnisse zu kommen.

Offensichtlich ist es dann besser, ein Chance-Risiko-Verhältnis zu wählen, das deutlich größer ist. In der Praxis hat sich ein Wert von 1,5 bis 2 als praktikabel herausgestellt. Ein CRV = 1,5 bedeutet, dass Sie bei Erfolg das 1,5-fache Ihres eingegangenen Risikos zurückerhalten. Ein Beispiel:

Angenommen, Sie führen zwei Trades durch, von denen der eine ein Gewinner und der andere ein Verlierer ist, dann haben Sie insgesamt ein Plus in der Höhe Ihres halben Risikos erzielt. Gerade da Sie davon ausgehen, dass Sie im Trading regelmäßig mit Verlusten rechnen müssen, und diese ja auch explizit einplanen, macht diese Vorgehensweise Sinn.

Für die Planung und Durchführung Ihrer Trades bedeutet das, dass Sie die Trades auslassen, bei denen bereits von Anfang an offensichtlich ist, dass die Gewinn-Chance geringer ist als das einzugehende Risiko. Unter Chance-Risiko-Betrachtungen machen diese Trades einfach keinen Sinn. Ein Verlust wirft Sie weiter zurück, als ein Gewinn Sie voranbringen würde.

---

9 Tatsächlich gibt es eine ganze Reihe an Nachteilen, die Sie bei jedem einzelnen Trade überwinden müssen. Das sind die bereits angesprochenen Gebühren, der Spread und auch eine eventuelle Slippage. Alle diese Punkte müssen Sie auf dem Weg zum Gewinn zunächst ausgleichen, bevor Sie wirklich im Gewinn sind.

Bevor wir das Chance-Risiko-Verhältnis kritisch diskutieren, wollen wir uns anschauen, welches Chance-Risiko-Verhältnis wir mit unserem Trade im EUR/GBP geplant haben:

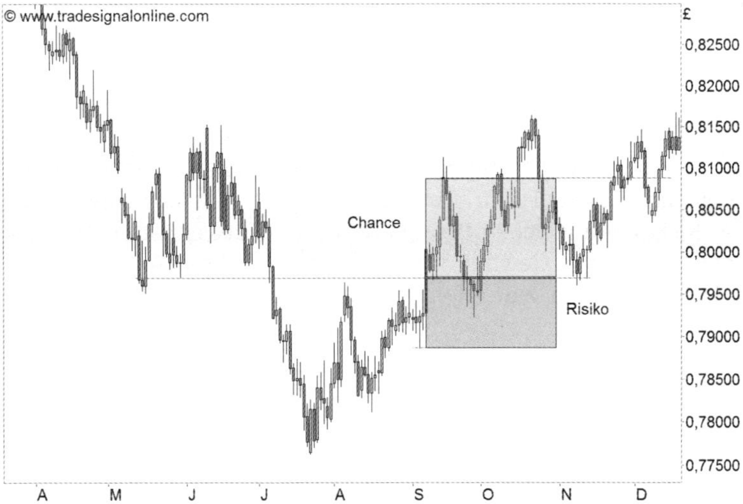


***Abbildung 24: EUR/GBP in der Tageschart-Darstellung (eine Kerze = ein Tag). Das Chance-Risiko-Verhältnis ist in unseren Trade eingezeichnet, und allein durch die visuelle Betrachtung ist zu sehen, dass das CRV > 1 ist.***
Quelle: www.tradesignalonline.com

Wir hatten unseren Trade mit Einstieg bei 0,7970 GBP, einem Stop-Loss bei 0,7880 GBP und einem Ziel bei 0,8090 GBP geplant. Wie hoch ist das Chance-Risiko-Verhältnis?

Das Risiko beträgt:

$$Einstieg - Stop\_Loss = Risiko$$
$$0{,}7970\ GBP - 0{,}7880\ GBP = 0{,}0090 = 90\ Pips$$[10]

Der geplante Gewinn beträgt:

$$Ziel - Einstieg = Gewinn$$

$$0{,}8090\ GBP - 0{,}7970\ GBP = 0{,}0120 = 120\ Pips$$

Das Chance-Risiko-Profil beträgt:

$$CRV = \frac{120}{90} = 1{,}3$$

Wir sehen, dass das CRV > 1 ist. Damit ist der Trade grundsätzlich umsetzbar. Rechnen wir noch die Kosten eines Trades wie Gebühren, Spread[10] und eventuell eine schlechter als geplante Ausführung – die sogenannte Slippage[11] – mit ein, verschlechtert sich das Chance-Risiko-Verhältnis noch etwas. Der Trade ist damit durchaus noch umsetzbar, ein Chance-Risiko-Verhältnis in dieser Höhe sollte aber nicht die Regel darstellen.

Greifen wir in diesem Zusammenhang noch einen weiteren Punkt auf. Denken Sie an dieser Stelle bitte zurück an unsere Berechnung der optimalen Positionsgröße. Dort hatten wir von zehn Trades nur vier Gewinner. Trotzdem konnten wir immer noch ein positives Ergebnis unter der Voraussetzung eines konstanten prozentualen Risikos vorweisen. Der Grund lag darin, dass die Gewinn-Trades größer ausfielen als die Verlust-Trades. Das Chance-Risiko-Verhältnis war jeweils deutlich über 1.

Für Sie bedeutet dies, dass Sie gar nicht immer recht mit Ihren Analysen haben müssen. Sie müssen nicht jeden Trade im Gewinn abschließen, um positive Gesamtergebnisse zu erzielen. Ihre Gewinner müssen nur größer sein als Ihre Verlierer. Das ist das ganze Geheimnis. Was sich in der Theorie so einfach anhört, ist in der Praxis bekanntermaßen ungleich schwerer. Aus diesem Grund ist es auch richtig und wichtig, ein konkretes Ziel festzulegen, das mit hoher Wahrscheinlichkeit auch erreicht werden kann, um den Trade an diesem Punkt wieder zu beenden.

---

[10] Als Spread wird der Unterschied zwischen Geld- und Briefkurs bezeichnet. Im Regelfall ist der Geldkurs geringer als der Briefkurs.

[11] Als Slippage wird eine schlechtere als die gewünschte Orderausführung bezeichnet. Diese kann sowohl beim Eröffnen als auch beim Schließen einer Position entstehen und unter ungünstigen Umständen die Ergebnisse deutlich verschlechtern.

Dabei gilt, je weiter weg das Ziel von Ihrem Einstiegspunkt entfernt ist, desto geringer ist die Wahrscheinlichkeit, es in angemessener Zeit und ohne nennenswerte Korrekturen zu erreichen. Das heißt dann auch, dass die Wahrscheinlichkeit, ein sehr hohes Chance-Risiko-Verhältnis zu erreichen, ebenfalls gering ist. Je höher das angestrebte Chance-Risiko-Verhältnis sein soll, desto geringer ist die Wahrscheinlichkeit, dass Sie es zeitnah und direkt erreichen.

Auch an diesem Punkt müssen wir eine kritische Diskussion führen. Oftmals hören wir von Tradern, dass sie nur Trades eingehen, die ein Chance-Risiko-Verhältnis von 3, 4 oder 5 versprechen. Was denken Sie, wie viele verpasste gute Chancen diese Trader auf Ihrem Weg zum großen Ziel verbuchen müssen? Wie realistisch ist eine solche Aussage?

In der Planung ist es sicher richtig und wichtig, große Potenziale zu erkennen und festzulegen. Dennoch müssen Sie Ihren Gewinn auch an dem Punkt realisieren, an dem die Wahrscheinlichkeit am größten ist, dass er wieder verschwindet.

Zu guter Letzt geht es bei der Betrachtung eines Trades nicht nur darum, festzustellen, welches Potenzial in ihm steckt, sondern auch darum, in der Rückschau zu messen, welches Chance-Risiko-Verhältnis tatsächlich realisiert wurde. Erst dieser Punkt ist der entscheidende Faktor. Erst diese Betrachtung gibt an, ob ein Trader erfolgreich handelt oder nicht.

Bei der Planung Ihrer nächsten Trades lautet deshalb die Empfehlung, Trades auszuwählen, die ein Chance-Risiko-Verhältnis von 1,5 oder 2 anbieten und deren Zielerreichung auch wahrscheinlich erscheint. Dann werden Sie in der Rückschau genau diese Verhältnisse in der Summe wieder für sich verbuchen können.

Sie haben es wahrscheinlich bereits geahnt. Über ein festgelegtes Chance-Risiko-Verhältnis können Sie auch Ihr Gewinnziel festlegen. Wenn Sie beispielsweise für sich festlegen, dass Sie immer ein CRV = 1,5 realisieren wollen, dann legen Sie dieses als Gewinnziel fest. Über eine charttechnische Analyse sollten Sie dann noch sicherstellen, dass die Wahrscheinlichkeit, das Ziel zu erreichen, auch gegeben ist.

Abschließend noch ein paar Worte zum Umgang mit den Wahrscheinlichkeiten. Wir haben uns zwar damit beschäftigt, was wahrscheinlich erscheint, und was nicht. Konkrete statistische Belege haben wir uns hierzu aber nicht betrachtet. Das ist auch nicht möglich. In der Welt des Tradings gibt es eine unendliche Anzahl an Titeln, Methoden, Handelsstilen, Produkten und Strategien. Diese lassen sich nach Belieben kombinieren und in den unterschiedlichsten Zeitebenen umsetzen. Eine pauschale Betrachtung starrer Statistiken ergibt aufgrund dieser Vielfalt an Möglichkeiten keinen Sinn. In letzter Konsequenz werden Sie ebenfalls Ihre eigene Strategie entwickeln, verfeinern und diese gemäß Ihren individuellen Voraussetzungen und Präferenzen handeln. Wenn aus Ihrer Sicht dann die Erreichung eines Kursziels eher unwahrscheinlich ist, dann ist das für Sie ein sicheres Signal, den Trade nicht einzugehen oder zumindest ein anderes Kursziel zu wählen. Das muss dann aber noch lange nicht heißen, dass ein anderer Trader nicht im selben Moment unter seinen persönlichen Voraussetzungen und den darauf beruhenden Strategien genau der gegenteiligen Meinung ist als Sie. Das ist wichtig, richtig und gut. Denn gerade die Vielzahl an Marktmeinungen, Trading-Ideen und individuellen Gegebenheiten ist einer der Gründe, warum in den Finanzmärkten überhaupt Handel stattfindet.

Sehen Sie aus diesen Gründen das Konzept der Wahrscheinlichkeiten als subjektive Entscheidungshilfe an, die Sie dabei unterstützt, Ihr Trading gemäß Ihren persönlichen Vorstellungen und individuellen Voraussetzungen durchzuführen.

Das Wichtigste in Kürze zusammengefasst:

> Neben der Risikominimierung ist es für Sie wichtig, auch eine konkrete Zielplanung vorzunehmen.

> Gerade in volatilen Märkten ist es sinnvoll, die aufgelaufenen Gewinne regelmäßig zu sichern.

- Fragen Sie sich bei der Gewinnermittlung: Bis wohin läuft der Markt mit der größten Wahrscheinlichkeit?

- Über die definierten Komponenten Risiko und Gewinn lässt sich das Chance-Risiko-Verhältnis – CRV – berechnen, das angibt, in welchem Verhältnis der Gewinn zum eingegangenen Risiko steht.

- Trades, deren Chance-Risiko-Verhältnis unter 1 liegt, haben ein zu großes Risiko im Verhältnis zum zu erwartenden Gewinn und sind zu vermeiden.

- Realistische Chancen haben Sie mit einem Chance-Risiko-Verhältnis zwischen 1 und 2.

- Je weiter weg der Zielkurs vom Einstiegskurs liegt und je höher damit das geplante Chance-Risiko-Verhältnis ist, desto geringer ist die Wahrscheinlichkeit, dass das Ziel ohne Korrekturen in absehbarer Zeit erreicht wird.

- Wichtiger als das geplante Chance-Risiko-Verhältnis ist das realisierte Chance-Risiko-Verhältnis für eine professionelle Erfolgskontrolle.

- Mit einem Chance-Risiko-Verhältnis, das größer als 1 ist, können Sie sich mehr Verlierer leisten, ohne in den Gesamtverlust zu geraten.

simplified

# Kapitel 4: Risiko- und Money-Management in der Praxis

## Aktien, CFDs, Devisen und Zertifikate: Wie Sie das Risiko- und Money-Management professionell auf Ihr Trading-Konto anwenden können!

Wie können Sie Ihr Risiko- und Money-Management in der Ihnen jetzt bekannten Form professionell in die Praxis übertragen? Worauf gilt es zu achten, und wie sehen mögliche Berechnungen und Ergebnisse aus? Besuchen wir unsere drei Trader und schauen ihnen bei der Planung ihrer Positionen über die Schulter.

Besuchen wir zuerst Klaus, unseren Devisenhändler:

> *»Ich hatte mir ja bereits Gedanken über mein einzugehendes Risiko gemacht und gehe davon aus, dass im Forex-Trading regelmäßig höhere Kursziele erreichbar sind. Ich denke, im Devisenmarkt ist so viel Bewegung, da müsste ein gutes Chance-Risiko-Verhältnis für mich drin sein. Auf der anderen Seite will ich auch nicht ewig warten, bis ich meinen Gewinn drin habe. Ich will schnell rein und schnell raus. Für mich macht deshalb ein Chance-Risiko-Verhältnis von 1,5 Sinn. Ich habe mich schon intensiv mit der Charttechnik beschäftigt, sodass ich viele potenzielle Gewinner finden werde!«*

Es ist gut und wichtig, zu erkennen, ob Sie auf Ihren Erfolg warten wollen oder lieber schnell zugreifen möchten. Klaus hat hier eine klare Entscheidung getroffen und auch bereits betont, dass er eher aggressiv handeln will. Ein Chance-Risiko-Verhältnis von 1,5 ist hoch genug, um anfallende Verluste auszugleichen. Falls Klaus mit seiner Aussage recht behält und die vielen Gewinner nicht nur erwartet, sondern auch erzielt, dann kommt er auf dieser Grundlage ein gutes Stück weiter auf dem Weg zu seinem Ziel. Sind die Verlierer dagegen deutlich in der Überzahl, dann muss er seine Zielgröße noch einmal überdenken.

Klaus hat uns auch einen konkreten Trade mitgebracht, den er uns vorstellen will:

***Abbildung 25: EUR/USD in der Stundenchart-Darstellung (eine Kerze = eine Stunde). Die Punkte 1–5 markieren die jeweiligen Hoch- und Tiefpunkte innerhalb der Trendbewegung. Der Punkt 6 markiert den Einstieg, Punkt 5 ist gleichzeitig der Stop-Loss und Punkt 7 markiert das Ziel des Trades mit einem CRV = 1,5. Die Rechtecke geben das Chance-Risiko-Verhältnis grafisch wieder.***

Quelle: www.tradesignalonline.com

*»Ich bin bei meinen Analysen in EUR/USD auf eine gute Gelegenheit im 60-Minuten-Chart gestoßen. Dabei habe ich einen Aufwärtstrend identifiziert, der nach ei-*

*ner Korrektur im Begriff war, sich fortzusetzen. An Punkt 1 habe ich einen Tiefpunkt ausgemacht, der von einem Hoch an Punkt 2 gefolgt war. Mit Punkt 3 bildete sich ein höheres Tief, was für mich ein erstes Anzeichen darstellte, dass die ursprüngliche Aufwärtsbewegung weitergeht. Als mit Punkt 4 ein neues Hoch erreicht wurde, war für mich die Sache klar. Wenn jetzt noch ein höheres Tief markiert wird, dann bin ich dabei. Und tatsächlich wurde an Punkt 5 ein höheres Tief gebildet! Mit dem Ausbruch aus dem Hoch bei Punkt 4 war mein Setup komplett und ich habe meinen Trade eröffnet!*

*Meine dazugehörige Planung sieht wie folgt aus:*[12]

| Klaus | Kontogröße | prozentuales Risiko pro Trade | absolutes Risiko pro Trade in Euro | absolutes Risiko pro Trade in USD | Einstieg | Stop-Loss |
|---|---|---|---|---|---|---|
| | 5.000,00 € | 1,0 % | 50,00 € | $ 65,76 | $ 1,3152 | $ 1,3098 |
| **Risiko in Pips** | **Positionsgröße** | **CRV** | **Gewinn in Pips** | **Ziel** | **Gewinn in US-Dollar** | **Gewinn in Euro** |
| 54 | $ 12.177,78 | 1,5 | 83 | $ 1,3235 | $ 98,64 | 74,54 € |

***Abbildung 26: Klaus´ Planung***

*Da der Devisenhandel 24 Stunden durchläuft, habe ich meinen Einstiegspunkt mit einer Stop-Buy-Order versehen. So muss ich nicht warten, bis mein Einstiegspunkt erreicht wird, um dann manuell einzusteigen. Zeitgleich habe ich nach der Eröffnung meinen Stop-Loss*

[12] Bitte beachten Sie: Klaus führt sein Handelskonto in Euro. Der Trade EUR/USD wird in US-Dollar abgerechnet. Dementsprechend wird zuerst sein Risikobetrag von Euro in US-Dollar umgerechnet, worauf dann auch die Positionsgröße und alle anderen Komponenten beruhen. Dieses haben wir in der oben dargestellten Tabelle durchgeführt. Der Bezugswert für das absolute Risiko ist der Einstiegskurs, und der Bezugswert für den Gewinn ist der Kurswert am Ziel. Durch die Umrechnung kommt es in der Praxis beim Ergebnis zu geringen Abweichungen vom Modell.

*und mein Ziel eingegeben, sodass ich bei Eröffnung nach unten abgesichert bin und nach oben meine Gewinne mitnehmen kann. In meine Berechnungen ist der Spread mit zwei Pips eingeplant, die ich zu meinem Ziel dazugerechnet habe. Gebühren fallen bei meinem Broker für den Forex-Handel nicht an, sodass ich keine weiteren Kosten aufholen muss. Da der Währungshandel sehr liquide ist, habe ich keine Slippage in Form einer schlechteren Ausführung eingeplant.*

*Ausgehend von meinem Risikobetrag pro Trade in Höhe von 50 Euro kann ich umgerechnet gut 65 US-Dollar einsetzen. Ziehe ich den Kurs am Stop-Loss vom Einstiegskurs ab, komme ich auf ein Risiko von 54 Pips. Mit meiner Zielvorstellung von einem CRV = 1,5 ergibt das einen Gewinn von 81 Pips. Zähle ich den Spread dazu, sind das 83 Pips. Die addiere ich zu dem Kurs an meinem Einstiegspunkt, und schon habe ich den Kurs an meinem Zielpunkt errechnet. Die Berechnung meiner Positionsgröße ist allerdings so eine Sache. Da ich etwas mehr als 12.000 US-Dollar als Positionsgröße zur Verfügung habe, bin ich froh, dass mein Broker auch kleine Stückelungen anbietet. Mit einem Mini-Lot und zwei Micro-Lots kann ich bis auf 177,78 US-Dollar alles im Markt platzieren.*

*Ich habe mir nach der Zielberechnung im Chart angeschaut, wie wahrscheinlich es ist, dass mein Ziel auch erreicht werden kann. Dabei musste ich feststellen, dass auf dem Weg zum Ziel noch ein Widerstand wartet, wo der Aufwärtstrend seine Korrektur begonnen hat. Hier ist eine zumindest kurzfristige Reaktion oder zumindest eine Pause im Trendverlauf wahrscheinlich. Ich gehe aber davon aus, dass der Kurs diesen Widerstand letztlich durchbricht, denn die Korrektur scheint mir vorbei zu sein. Sollte es wider Erwarten doch gegen meine favorisierte Richtung laufen, dann bin ich für den Fall der Fälle durch den Stop-Loss abgesichert.*

*Der Trade hat sich nach der Eröffnung sehr schleppend entwickelt. Direkt nachdem ich in den Markt eingestoppt wurde, ging es erst einmal seitwärts. Wie erwartet war der Kurs im Bereich des Widerstandes etwas zögerlich, aber wirklich runter ging es zum Glück nicht. Der richtige Durchbruch hätte mich fast zu meinem Ziel gebracht. Ein paar Pips vorher ging es dann wieder abwärts, und ich dachte schon, ich hätte den Ausstieg verpasst. Eine gefühlte Ewigkeit später dann wurde mein Ziel endlich doch erreicht, und ich habe meinen Gewinn realisiert.«*

Wenn Sie sich die Umsetzung von Klaus´ Plan genauer anschauen, dann ergibt sich für Sie die Konsequenz, dass Sie Ihre Positionsgröße beziehungsweise Ihren Einsatz regelmäßig nach oben oder unten abrunden müssen. Obwohl in der Planung von Klaus eine Positionsgröße von 12.177,78 US-Dollar angegeben wurde, konnte er mit Mini- und Micro-Lots nur 12.000 US-Dollar im Markt positionieren. Die Differenz ist zwar nicht weltbewegend, schlägt sich aber in den Ergebnissen nieder. Beides, sowohl das eingegangene Risiko als auch der erzielte Gewinn, ist durch die nach unten korrigierte Positionsgröße etwas unter seinem Plan. Hier zeigt sich, dass Sie Ihre Berechnungen immer auch an die Möglichkeiten des Marktes und des Produktes anpassen müssen. Im Verlauf des Trades wurde die Geduld von Klaus auf eine harte Probe gestellt und er musste die Position gleich über mehrere Tage, anstatt wie geplant, wenige Stunden halten. Auch die beinahe erfolgte Zielerreichung und die darauf folgende Korrektur verlangen von einem Trader viel Geduld und volles Vertrauen in seinen Trade. Am Ende sehen wir, dass auch ein moderates Chance-Risiko-Verhältnis von 1,5 erarbeitet werden will.

Wie ist Martina – unsere Positions-Traderin – an ihre Planung herangegangen?

*»Da ich mich ja eher längerfristig orientiere, macht ein zu enges Kursziel für mich keinen Sinn. Ich denke sogar, dass ich mir und meinem Trade viel Spielraum geben will, damit ich nicht allzu oft die Position wechseln muss. Wenn ich schon einen Trend erwische, dann will*

*ich möglichst lange dabei bleiben! Aus diesem Grund habe ich mich entschlossen, das geplante Chance-Risiko-Verhältnis auf 2,5 festzulegen. Das ist oftmals im Rahmen des Machbaren. Ich weiß aber auch, dass ich hier wahrscheinlich die eine oder andere Korrektur mitmachen muss, um mein Ziel zu erreichen. Trotzdem, ich fühle mich gut damit, und dieses Vorgehen passt zu mir und meiner Einstellung. Ich gebe insgesamt zwar ein bisschen mehr Risiko in die Position, erwarte dafür aber auch ein bisschen mehr zurück.«*

Martina führt ihre Trades im Wochenchart durch und legt sich damit automatisch auf längerfristige Zeitfenster fest. Das regelmäßige Ziel, ein Chance-Risiko-Verhältnis von 2,5 zu erreichen, ist ambitioniert und hängt in letzter Konsequenz vom Markt und der Trendstärke ab. Gerade in der Wochenchart-Betrachtung kommen Trends oftmals sauber zum Tragen, und das kurzfristige Auf und Ab im Tageschart fällt gar nicht auf. Bei entsprechendem Trade-Management kann Martina mit ihrer Vorgehensweise gute Ergebnisse erzielen.

Auch Martina will uns einen konkreten Trade vorstellen und uns in ihre Überlegungen einweihen:

*»Ich habe im Wochenchart von SAP ein interessantes Setup identifiziert und darauf meine Berechnungen durchgeführt:*

*Die Aktie von SAP befindet sich seit November 2008 in einem langfristigen Aufwärtstrend, der sich in einem engen Kanal stetig aufwärtsbewegt. Nachdem die Aktie im Mai 2011 an der oberen Begrenzung an Punkt 1 abprallte und drei Monate später an Punkt 2 angekommen war, ging es wieder aufwärts bis an den Punkt 3 und damit zurück in den engen Trendkanal. Das war für mich ein erstes Zeichen, dass ich mich intensiver mit dem Wert beschäftigen kann. Als SAP am Punkt 3 wieder nach unten abprallte und an der unteren Begrenzung des Trendkanals an Punkt 4 haltmachte, um sich erneut in Richtung Norden aufzumachen, ent-*

*schloss ich mich, einen Durchbruch durch den Widerstand an den Punkten 1 und 3 als Einstieg zu handeln.*

***Abbildung 27: SAP AG in der Wochenchart-Darstellung (eine Kerze = eine Woche). Die Punkte 1–4 markieren die jeweiligen Hoch- und Tiefpunkte innerhalb der Trendbewegung. Der Punkt 5 markiert den Einstieg, Punkt 4 ist gleichzeitig der Stop-Loss und Punkt 6 markiert das charttechnische Ziel des Trades. Punkt 7 markiert das rechnerische Ziel des Trades mit einem CRV = 2,5. Die Rechtecke geben das jeweilige Chance-Risiko-Verhältnis grafisch wieder.***

Quelle: www.tradesignalonline.com

*Meine Berechnungen sehen entsprechend wie folgt aus:*

| Kontogröße | prozentuales Risiko pro Trade | absolutes Risiko pro Trade | Einstieg | Stop-Loss | Risiko pro Aktie |
|---|---|---|---|---|---|
| 25.000,00 € | 1,5 % | 375,00 € | 45,10 € | 39,70 € | 5,40 € |
| **Anzahl Aktien** | **Positionsgröße** | **CRV** | **Gewinn pro Aktie** | **Ziel** | **Gewinn** |
| 69,44 | 3.131,94 € | 2,5 | 13,50 € | 58,60 € | 937,50 € |

***Abbildung 28: Martinas Planung***

*Ich habe mich zu einem einzugehenden Risiko von 1,5 Prozent meines Handelskontos entschlossen. Das sind aktuell 375 Euro. Beziehe ich meinen Einstiegspunkt bei 45,10 Euro und den Stop-Loss bei 39,70 Euro in meine Berechnungen mit ein, kann ich 69 Aktien kaufen.*

*Bei der charttechnischen Analyse habe ich dann aber festgestellt, dass mein rechnerisches Ziel mit einem CRV = 2,5 bei 58,60 Euro zwar im Laufe des Trendkanals erreicht werden kann, ich mich aber mit Sicherheit auf mehrere Korrekturen einstellen muss. Gerade im Bereich der oberen Begrenzung ist die Wahrscheinlichkeit einer Reaktion sehr hoch, wie die Vergangenheit immer wieder gezeigt hat. Trotzdem bleibe ich dabei. Ich will definitiv den Trend mitnehmen und Position beziehen. Über meinen Stop-Loss bin ich gut abgesichert und kann in meinem Trade-Management diesen auch weiter nachziehen.*

*Im Ergebnis ist die SAP-Aktie nach meinem Einstieg schnell an die obere Begrenzung herangelaufen, nur um dann wieder direkt abzufallen. Das Pendeln zwischen den beiden Begrenzungslinien erforderte etwas Geduld von mir, doch ich habe an meinem Ziel festgehalten. Am Ende wurde ich für meine Geduld belohnt und konnte einen schönen Gewinn mitnehmen. Dass ich die Aktie dafür gute elf Monate halten musste, stellte keine Herausforderung für mich dar. Zusätzlich habe ich noch die Dividende während der Haltedauer ausbezahlt bekommen.*

*Was ich von meinem Gewinn noch abziehen muss, sind die Gebühren für den Einstieg und den Ausstieg von je 9,90 Euro, was insgesamt 19,80 Euro Kosten ausmacht. Da ich mich langfristig orientiere, ist der Spread in Höhe von 0,02 Euro*[13] *pro Aktie für mich vernachlässigbar.«*

[13] Bei Martinas Einstieg beträgt der Kurs im Geldkurs 45,10 Euro und im Briefkurs 45,12 Euro. Bei Martinas Ausstieg beträgt der Geldkurs 53,20 Euro und der Briefkurs 53,22 Euro. Trader kaufen zum Briefkurs und verkaufen zum Geldkurs.

Martina bleibt zuversichtlich und geduldig im Verlauf des Trades. Sie hat ihre charttechnische Analyse gewissenhaft durchgeführt und das Risiko strikt begrenzt. Ein Verlust würde sie nicht aus der Bahn werfen. Es gibt also keinen Grund für Martina, zögerlich zu sein oder zu hadern. Als Positions-Traderin hat sie einen längeren Zeithorizont, wie sich an der Dauer des Trades auch zeigt. Dass es während einer Haltedauer von mehreren Monaten zu Korrekturen kommt, ist nur normal und gehört zum Trading dazu. Ob bei Erreichen einer so prägnanten Kursmarke wie der oberen Begrenzung des Trendkanals die Position nicht zumindest zu einem Teil aufgelöst werden kann, ist eine Frage des individuellen Trade-Managements.

Zu guter Letzt möchte Peter seine Trading-Idee und seine daraus folgende Planung mit uns besprechen. Wie sieht die Planung bei unserem Hebelzertifikate-Trader aus?

> *»Mir ist es wichtig, für mein eingegangenes Risiko angemessen entschädigt zu werden. Deshalb ist ein Chance-Risiko-Verhältnis von 2,0 passend für mich. Dann kann ich wieder aus dem Markt aussteigen und laufe nicht Gefahr, durch widrige Umstände unglücklich in den Verlust zu laufen. Die besondere Herausforderung für mich wird regelmäßig sein, meine Vorstellung mit Hebelzertifikaten umzusetzen. Für jeden einzelnen Trade muss ich zuerst das passende Zertifikat heraussuchen und dann alle Wegmarken berechnen. Wenn ich diese aber erst einmal habe, dann kann ich diese Werte wie die anderen auch bei meinem Broker einstellen und darauf warten, dass sie automatisch ausgeführt werden.«*

Wohl wahr, Peter. Das Handeln mit Hebelzertifikaten erfordert sozusagen ein »Um-die-Ecke-Denken«. Denn im Gegensatz zu Klaus und Martina, die ihre Analyse im Basiswert durchführen und die ermittelten Ein- und Ausstiegsmarken auch direkt so handeln können, muss Peter zunächst die Analyse im Basiswert durchführen und seine Kursmarken festlegen, um im nächsten Schritt das passende Hebelzertifikat auszuwählen und die ermittelten Marken umzurechnen. Hier hat sich in der Praxis bewährt, ein Hebelzertifikat zu wählen, das an der gewünschten Stop-Loss-Marke gleichfalls seinen Stop-Loss oder Knock-out-Level hat.

Sollten Sie sich für den Handel mit Hebelzertifikaten entscheiden, können Sie durch dieses Vorgehen gleich zweifach sicherstellen, dass Sie ihr Risiko begrenzen: zum einen darüber, dass der gewählte Stop-Loss auf jeden Fall eingehalten wird. Zum anderen laufen Sie im weiteren Verlauf nicht Gefahr, einen größeren Verlust zu erleiden, als Sie geplant haben.

Diesen Vorteil bieten tatsächlich nur Hebelzertifikate. Futures-, Aktien- und CFD-Trader laufen bei Übernachtpositionen regelmäßig Gefahr, von einem »Gap« beziehungsweise einer »Kurslücke« überrascht zu werden. Für einen Trader, der auf steigende Kurse spekuliert, bedeutet ein Gap nichts anderes, als dass der Eröffnungskurs am Morgen unter Umständen deutlich unter dem Schlusskurs des Vortages liegt. In diesem Fall sprechen wir von einem »Abwärts-Gap«. Für einen Trader, der auf fallende Kurse spekuliert, ist das Gap entsprechend, wenn der Kurs am Morgen über dem Schlusskurs des Vortages liegt. Synonym heißt es dann »Aufwärts-Gap«.

Die Gefahr einer Kurslücke trägt jeder Trader, der Positionen über Nacht hält. Auch hierbei gilt: Je kurzfristiger Sie sich positionieren, desto größere Auswirkungen wird eine Kurslücke – das Gap – auf Ihr Risiko-Management haben. Planen Sie beispielsweise Ihre Trades wie Martina im Wochenchart, dann werden Sie Kurslücken oftmals überhaupt nicht bemerken. Planen Sie Ihre Trades dagegen wie Klaus im Stundenchart, dann kann eine Kurslücke starke Auswirkungen auf Ihr Risiko-Management haben. Unter Umständen trennen Sie sich in der Folge zu einem deutlich schlechteren Kurs von Ihrer Position, weil Ihre Stop-Loss-Order zu einem deutlich niedrigeren Kurs ausgeführt wurde, als Sie geplant haben.

In der Konsequenz ist auch die Existenz von Kurslücken ein guter Grund für Sie, Ihr Risiko-Management defensiv zu gestalten und nicht bis auf den letzten Cent auszureizen.

Kommen wir zurück zu Peter. Durch die Auswahl des Hebelzertifikates mit dem für sein Szenario passenden Stop-Loss oder Knock-out kann er sich immerhin einen Berechnungsschritt sparen. Was bleibt, ist zu berechnen, welcher Preis im Hebelzertifikat seinem Einstiegskurs im Basiswert entspricht, und welchen Preis das Hebelzertifikat an seinem Ziel haben wird.

## Exkurs: So berechnen Sie Hebelzertifikate!

Um Hebelzertifikate korrekt zu berechnen, müssen wir einen Exkurs unternehmen und uns mit der Konstruktion von Hebelzertifikaten befassen. Ein Hebelzertifikat ist letztlich das Abbild – das Derivat – eines Basiswertes, auf den sich dieses Hebelzertifikat bezieht. Wer sich bereits mit Hebelzertifikaten beschäftigt hat, dem werden die Begriffe »Basispreis«, »Knock-out-Schwelle«, »Bezugsverhältnis«, »innerer Wert« und »Aufgeld« aufgefallen sein. Das alles sind Begriffe, die wir im Handel mit Aktien, Devisen oder auch mit CFDs nicht kennen.

Lassen Sie uns diese Begriffe an dieser Stelle näher betrachten: Der »Basispreis« bildet die preisliche Untergrenze des Hebelzertifikates und bezieht sich immer auf den Ursprungswert, also die Aktie oder den Index. Gleichzeitig bildet der Basispreis die Knock-out-Schwelle des Hebelzertifikates. Wird der Basispreis erreicht, dann verfällt das Hebelzertifikat bis auf einen marginalen Restbetrag wertlos. Das Hebelzertifikat ist k. o.

Für die Aktie der XY-AG kann der Basispreis beispielsweise bei 100 Euro liegen. Wenn wir jetzt davon ausgehen, dass wir ein Hebelzertifikat handeln, das auf steigende Kurse abzielt, dann sind die 100 Euro als Untergrenze des Hebelzertifikates anzusehen. Fällt die Aktie unter diesen Wert, dann verfällt das Hebelzertifikat.

Unter dem »Bezugsverhältnis« verstehen wir den Anteil, den ein Hebelzertifikat vom Basiswert hat. Im Falle eines Hebelzertifikates auf den DAX liegt dieses oftmals bei 1 : 100, bei Aktien eher bei 1 : 10. Dadurch können auch Bruchteile eines Basiswertes gehandelt werden. Das gibt einem Hebelzertifikate-Trader einen Vorteil gegenüber einem Aktien- oder CFD-Händler, der immer nur die ganze Aktie oder den ganzen CFD handeln kann.

Das »Aufgeld« wiederum ist ein Aufschlag, den der Emittent verlangt. Auch dieses liegt in der Konstruktion des Hebelzertifikates begründet. Für ein Hebelzertifikat müssen wir – ähnlich wie bei Futures, CFDs oder Devisen – einen anfänglichen Sicherheitsbetrag hinterlegen. Dieser Betrag wird aus der Differenz zwischen dem aktuellen Kurs des Basiswertes und dem ausgeschriebenen Basispreis des Hebelzertifikates gebildet. Diese Differenz wird auch »innerer Wert« des Hebelzertifikates genannt.

Nehmen wir an, die XY-Aktie steht aktuell bei 120 Euro und das Hebelzertifikat hat einen Basispreis von 100 Euro. Dann ist der innere Wert unseres Hebelzertifikates anzugeben mit:

120 € - 100 € = 20 € = *innerer Wert*

Dieser innere Wert ist das, was der Hebelzertifikate-Trader als Sicherheitsleistung hinterlegen muss. Jetzt hatten wir bereits festgehalten, dass hier eine Stückelung möglich ist. Im Falle unserer Aktie war das ein Bezugsverhältnis von 1 : 10. Selbstverständlich muss dann auch nur ein Zehntel des inneren Wertes als Sicherheitsleistung hinterlegt werden:

20€ × 0,1 = 2 €

Wenn wir als Hebelzertifikate-Trader jetzt aber nur eine geringe Sicherheitsleistung hinterlegen müssen, stellt sich zwangsläufig die Frage, wer den restlichen Betrag hinterlegt. Das ist immer der Emittent. Sie erhalten durch den Kauf eines Hebelzertifikates praktisch ganz formlos einen Kredit für Ihr Trading. Diesen Kredit vergibt der Emittent natürlich nicht einfach so, sondern er berechnet Ihnen die anfallenden Finanzierungskosten in Form des Aufgeldes und rechnet diese in den Preis des Hebelzertifikates mit ein. Nehmen wir beispielsweise an, der Emittent hat ein Aufgeld von 0,10 Euro im Hebelzertifikat eingerechnet, dann gehören die 0,10 Euro wiederum auch in unsere Preisberechnungen:

2 € + 0,10 € = 2,10 €

Schließlich können wir diese einzelnen Punkte zu einer Formel verbinden und den Preis für unser Hebelzertifikat (HZ) berechnen:

(Kurs des Basiswertes - Basiskurs) × Bezugsmenge + Aufgeld= Preis HZ

(120 € - 100 €) × 0,1 + 0,10 € = 20 € × 0,1 + 0,10 € = 2,10 €

Das Hebelzertifikat kostet also bei einem Preis der Aktie der XY-AG von 120 Euro dementsprechend 2,10 Euro. Bitte beachten Sie, dass die oben dargestellte Formel den Geldkurs errechnet, zu dem Sie das Hebelzertifikat verkaufen können. Den Briefkurs erhalten Sie, indem Sie den Spread auf den errechneten Preis aufschlagen.

Der Spread wird in der Beschreibung eines Hebelzertifikates ebenfalls angegeben und macht im Regelfall einen oder zwei Cent aus. Bei exotischeren Werten kann der Spread aber auch deutlich höher liegen.

Angenommen, Sie entschließen sich dazu, ein Zertifikat zu kaufen, mit dem Sie auf fallende Kurse setzen und daran verdienen können. Dann müssen Sie die Berechnung des Preises Ihres Hebelzertifikates ändern, um auf ein korrektes Ergebnis zu kommen. Die Komponenten bleiben die gleichen, Sie ziehen lediglich den Kurs des Basiswertes – also den aktuellen Kurs der Aktie – vom Basiskurs des Hebelzertifikates ab. Auch die Verrechnung des Aufgeldes ist anders. Da Sie dem Emittenten jetzt quasi einen Kredit geben, können Sie das Aufgeld vom Preis des Zertifikates abziehen:

*(Basiskurs - Kurs des Basiswertes) × Bezugsmenge - Aufgeld = Preis HZ*

Stellen Sie sich vor, die XY-AG ist aktuell auf 70 Euro gefallen und Sie wollen an der weiteren Abwärtsbewegung teilhaben. Sie suchen sich also ein Hebelzertifikat mit dem Basispreis bei 110 Euro. Die Bezugsmenge liegt wiederum bei 1 : 10 und das Aufgeld oder vielmehr das Abgeld liegt bei 0,10 Euro. Dann können Sie den aktuellen Preis des Hebelzertifikates berechnen:

(110 € - 70 €) × 0,1 - 0,10 € = 40 € × 0,1 - 0,10 € = 4 € - 0,10 € = 3,90 €

Auch hier haben wir wieder den Geldkurs berechnet. Für den Briefkurs fügen Sie den Spread wieder dem Preis hinzu.

Mit diesem zusätzlichen Hintergrundwissen ausgestattet, können wir unseren Exkurs beenden und uns wieder Peter widmen, der bereits darauf brennt, uns seinen Trade vorzustellen.

> *»Als großer Fan von Warren Buffet habe ich mir gleich die Aktie von Berkshire Hathaway näher angeschaut. Leider kann ich mir nur die »B«-Aktie leisten, und das auch nur über ein Hebelzertifikat. Aber immerhin kann ich wenigstens so an den Erfolgen des Star-Investors teilhaben! Ich bin bei meiner Analyse auf ein interessantes Szenario gestoßen.*

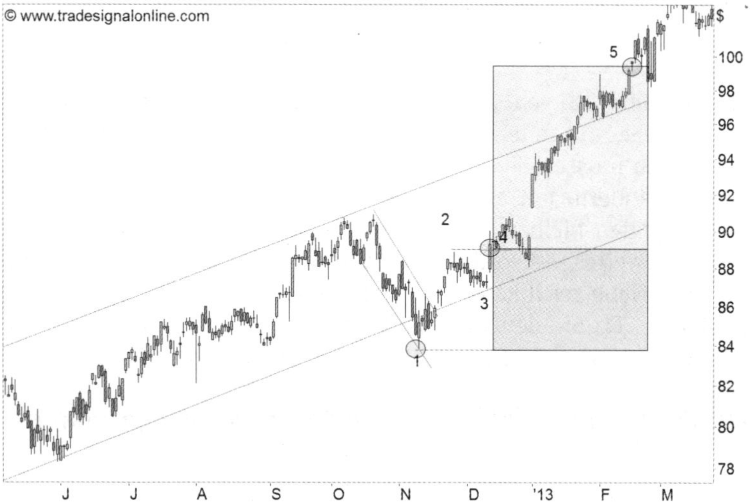


***Abbildung 29: Berkshire Hathaway Inc. CL »B« in der Tageschart-Darstellung (eine Kerze = ein Tag). Die Punkte 1–3 markieren die jeweiligen Hoch- und Tiefpunkte innerhalb der beginnenden Erholung. Der Punkt 4 markiert den Einstieg, der Punkt 1 markiert den Stop-Loss und der Punkt 5 das rechnerische Ziel des Trades. Die Rechtecke geben das jeweilige Chance-Risiko-Verhältnis grafisch wieder.***

Quelle: www.tradesignalonline.com

*Innerhalb eines langen Aufwärtstrendkanals hat die Aktie einen kurzfristigen Rückschlag hinnehmen müssen und bildete an Punkt 1 ein Tief, das sogar kurz die untere Begrenzung des Kanals durchbrach. Von dort begann der weitere Anstieg bis an den Punkt 2, um dann wieder etwas bis an den Punkt 3 auf der Begrenzungslinie des Trendkanals abzufallen. Dabei bildete der Kurs ein höheres Tief, und für mich ergab sich damit die Möglichkeit, in den langfristigen Aufwärtstrend zu kommen. Als sich der Kurs in Richtung des vorangegangenen Hochs bei Punkt 2 aufmachte, habe ich meine Suche nach einem passenden Hebelzertifikat aufgenommen. Leider konnte ich keines finden, das exakt auf mein Szenario passt, da der Stop-Loss beziehungsweise Knock-out des Hebelzertifikates unterhalb meines ermittelten Stop-Loss war. Da ich aber auch diesen Preis für mich berechnen kann, stellt dieser Umstand für mich kein Hindernis dar.*

*Für meine Berechnungen habe ich zwei Tabellen erstellt:*

| Peter | | Einstieg | Stop-Loss | CRV | Ziel |
|---|---|---|---|---|---|
| | | $ 88,93 | $ 83,80 | 2,0 | $ 99,19 |
| **Basispreis** | **Knock-out-Schwelle** | **Bezugsverhältnis** | **Spread** | **Aufpreis** | **EUR/USD** |
| $ 71,0118 | $ 78,00 | 1 : 10 | 0,01 € | 0,02 € | $ 1,3070 |

***Abbildung 30: Die Einstiegs- und Ausstiegspunkte der Aktie und die Eckdaten des Hebelzertifikates***

| Peter | Kontogröße | prozentuales Risiko pro Trade | absolutes Risiko pro Trade | Einstieg | Stop-Loss |
|---|---|---|---|---|---|
| | 15.000,00 € | 0,75 % | 112,50 € | 1,39 € | 0,99 € |
| **Risiko pro Zertifikat** | **Positionsgröße** | **CRV** | **Gewinn pro Zertifikat** | **Zielpreis Zertifikat** | **Gewinn** |
| 0,40 € | 284,09 | 2,0 | 0,79 € | 2,17 € | 225,00 € |

***Abbildung 31: Peters Berechnungen bezüglich seines einzugehenden Risikos, der Positionsgröße und des geplanten Gewinns am Ziel. Die Berechnungen erfolgen auf Grundlage der ermittelten Preise des Hebelzertifikates.***

*Bei meinen Berechnungen bin ich so vorgegangen, dass ich mir zunächst im Chart die entsprechenden Marken für meinen Einstieg, meinen Stop-Loss und mein Ziel gesucht habe. Das Ziel war ja über mein geplantes Chance-Risiko-Verhältnis von 2 vorgegeben, und im Chart konnte ich auch keine nennenswerten Widerstände auf dem Weg dahin entdecken. Wenn die Aktie sich weiterhin an den Trendkanal hält, dann muss ich auf dem Weg zum Ziel wahrscheinlich ein paar Korrekturen aushalten, doch ich bin gut nach unten abgesichert, und der Trendkanal hat sich langfristig als stabil erwiesen. Im Ergebnis standen die Marken somit für mich fest, und ich konnte mit der Berechnung der Preise des Zertifikates beginnen. Da die Aktie von Berkshire Hathaway in US-Dollar gehandelt wird, das Zertifikat aber in Euro notiert, durfte ich die jeweilige Kursumrechnung nicht vergessen. Natürlich konnte ich keine Bruchteile eines Zertifikates kaufen, deshalb habe ich meine Order nach unten abgerundet. Sicher ist sicher. Nach der Eröffnung des Trades ging es zunächst wieder leicht abwärts in Richtung Unterstützung, aber ich bin standhaft geblieben und habe die Zähne zusammengebissen. Von dort ging es steil aufwärts. Es war sogar eine Kurslücke dabei – zum Glück aufwärts in meine Richtung! Dann schoss der Kurs direkt durch die obere Begrenzung des Trendkanals, und ich habe mein Ziel ohne große Umwege erreicht. So kann es auf jeden Fall weitergehen!«*

Peter hat noch einen wichtigen Punkt bezüglich der Berechnung der Preise von Hebelzertifikaten genannt. Das ist ein zusätzlicher Faktor, den Sie beim Handel mit Hebelzertifikaten beachten müssen: Sobald Sie einen Titel handeln, der in einer anderen Währung als Euro notiert, müssen Sie den errechneten Zertifikate-Preis im finalen Schritt in Euro umrechnen, damit Sie auch die korrekten Beträge als Orders eingeben.

Nach den theoretischen Herleitungen in den vorangegangenen Teilen und Abschnitten konnten wir die Ideen in der Ausführung unserer drei Trader in der Praxis verfolgen. Dabei konnten alle drei Trader von unterschiedlichen Erfahrungen berichten. Bei Klaus gab es in der Ausführung Abweichungen von seinem Plan, die durch die Positionsgröße und deren Umsetzbarkeit im Markt bedingt waren, aber auch hinsichtlich der Dauer seines Trades, der deutlich länger als geplant verlief.

Martina plante langfristig und hat sich mit ihrem hohen Chance-Risiko-Verhältnis ein sehr hohes Ziel gesteckt. Im Trade-Verlauf bedeutete das, dass sie eine starke Korrektur mitmachen musste, die ihren bis dahin angefallenen Buchgewinn nahezu eliminierte. An diesem Punkt werden viele Trader unruhig und laufen Gefahr, ihre Position vorzeitig aufzulösen. Martina hat sich dagegen an ihren Plan gehalten und war am Ende genau deswegen erfolgreich. In diesem Sinne ist eine professionelle Planung eines Trades die Grundvoraussetzung, um während der Durchführung die Nerven zu behalten.

Auch wenn das Trading mit Hebelzertifikaten auf den ersten Blick einfach erscheint, hat die Erfahrung von Peter gezeigt, dass gerade in diesem Bereich ein hoher Planungs- und Rechenaufwand anfällt. Das beginnt mit der Analyse des Basiswertes, geht weiter über die Auswahl des Zertifikates und endet in der Berechnung der Preise des Hebelzertifikates an den festgelegten Ein- und Ausstiegsmarken. Dieser »Dreischritt des Tradings« will zeitlich eingeplant sein, um sauber und professionell durchgeführt zu werden.

Das Wichtigste in Kürze zusammengefasst:

> Auch niedrige geplante Chance-Risiko-Verhältnisse benötigen unter Umständen mehr Zeit als geplant, um realisiert zu werden.

> Oftmals kann die berechnete Positionsgröße aufgrund mangelnder Teilbarkeit nicht in vollem Umfang im Markt platziert werden.

> Um hohe Chance-Risiko-Verhältnisse zu realisieren, sind Korrekturen einzuplanen. Diese müssen Sie durchstehen, wenn Sie Ihr Ziel erreichen wollen.

> Das Trading mit Hebelzertifikaten erfordert eine umfangreiche Planung und Vorbereitung. Insbesondere die Berechnung der erforderlichen Eckpunkte für Einstieg, Stop-Loss und Ziel muss nicht nur im Basiswert, sondern auch im Hebelzertifikat erfolgen.

> Achten Sie bei der Berechnung von Hebelzertifikaten unbedingt auf die korrekte Umrechnung der Währung des zugrunde liegenden Basiswertes.

# Teil 2:
# Vom Börsenprofi zum Top-Trader

simplified

# Kapitel 5: Risiko- und Money-Management im Quadrat

Eigentlich wissen Sie bereits alles, um erfolgreich die ersten Schritte in den Finanzmärkten machen zu können. Zumindest wenn es darum geht, Ihr Risiko zu begrenzen und Ihre Gewinne zu sichern, macht Ihnen niemand mehr etwas vor. Natürlich können Sie Ihre Kenntnisse in der charttechnischen Analyse noch vertiefen oder mehr über Ihre eigene Persönlichkeit als Trader erfahren. Aber eigentlich haben Sie bereits das Rüstzeug zum erfolgreichen Trader.

Lassen Sie uns doch die Gelegenheit nutzen, das bisherige Wissen zu vertiefen und auf die nächste Ebene zu heben. Gerade wenn es um Money-Management geht, geht es um mehr als »nur« darum, den Gewinn zu sichern. Im Kern bedeutet Money-Management eben genau das: Das Management Ihres Geldes – Ihres zur Verfügung stehenden Kapitals. Dementsprechend muss es das Ziel eines professionellen Money-Managements sein, die Einflussfaktoren Ihres Tradings so zu kombinieren, dass in der Gesamtheit der Trades die bestmöglichen Ergebnisse erreicht werden.

Einen Teil dieser Einflussfaktoren haben Sie bereits kennengelernt sowie verinnerlicht und Sie wenden diese bereits erfolgreich an. Die Begrenzung Ihres Risikos ist dabei ein wesentlicher und elementarer Bestandteil, aber auch die Bestimmung des Chance-Risiko-Verhältnisses eines jeden Trades gehört dazu. In diesem Sinne bringen wir jetzt das Risiko- mit dem Money-Management endgültig zusammen.

Zwei weitere Punkte müssen wir vorher noch betrachten, um unser Gesamtbild zu vervollständigen. Dazu werden wir die Betrachtung des einzelnen Trades verlassen und uns die Summe der Trades in einem Gesamtzeitraum näher anschauen.

## Viel hilft viel ... Welchen Einfluss die Richtigkeit Ihrer Prognosen und die Anzahl der Trades auf Ihren Trading-Erfolg hat

Wir hatten unsere Betrachtungen bislang auf die Planung und Durchführung von einzelnen Trades konzentriert. Jetzt führen Sie in der Praxis ja nicht nur einen Trade durch und beenden danach Ihre Trader-Karriere. Je nachdem, für welchen Trading-Stil Sie sich entscheiden, werden Sie im Laufe eines Tages vielleicht bereits schon mehrere Positionen eröffnet und geschlossen haben. Sicher aber werden Sie am Ende eines Monats, auf jeden Fall am Ende eines Jahres, auf eine Vielzahl an durchgeführten Trades zurückblicken.

Es ist nur logisch, dass bei einer Gesamtsumme an Trades nicht nur Gewinner dabei sind, sondern in schöner Regelmäßigkeit auch Verlierer. Das ist vollkommen normal und gehört zum Trading dazu. Verluste sind ein Teil des Geschäftes, diesen Fakt gilt es schlichtweg zu akzeptieren. Damit Sie mittel- und langfristig einen konkreten Eindruck von Ihren Ergebnissen und auch genaue Ansatzpunkte für Ihre persönliche Ergebnisverbesserung erhalten, sei Ihnen an dieser Stelle empfohlen, detailliert über Ihre Trading-Ergebnisse Buch zu führen. Erstellen Sie sich ein persönliches Trading-Journal, in dem Sie sich die wichtigsten Eckpunkte Ihrer Trades notieren. Dazu gehören:

1. **Daten des Wertpapiers:**

> Wertpapierkennnummer oder Bezeichnung des Hebelzertifikates

> Name oder Kürzel der Aktie, Bezeichnung des Titels, Währungspaars oder Basiswertes allgemein

> Richtung des Trades: long oder short

> Bezeichnung der Handelsstrategie

> Währung des Wertpapiers/Basiswerts

**2. Einstiegsdaten:**

> Stückzahl Basiswert/Hebelzertifikat

> Datum

> Einstiegskurs Basiswert/Hebelzertifikat

> Positionsgröße Basiswert/Hebelzertifikat

> Gebühren

**3. Plandaten:**

> Stop-Loss Basiswert/Hebelzertifikat

> Ziel Basiswert/Hebelzertifikat

> Geplantes Chance-Risiko-Verhältnis

**4. Ausstiegsdaten:**

> Stückzahl Basiswert/Hebelzertifikat

> Datum

> Ausstiegskurs Basiswert/Hebelzertifikat

> Positionswert Basiswert/Hebelzertifikat

> Gebühren

**5. Auswertung des Trades:**

> Haltedauer

> Realisierter Gewinn/Verlust pro Stück

> Realisierter Gewinn/Verlust insgesamt

> Realisiertes Chance-Risiko-Verhältnis

**6. Gesamtstatistik:**

> Summe der Gewinner

> Summe der Verlierer

> Realisiertes Chance-Risiko-Verhältnis insgesamt

> Anzahl aller durchgeführten Trades

> Gesamtgewinn/-verlust

Sie können diese Auflistung beliebig um weitere für Sie wichtige Punkte und statistische Auswertungen erweitern. Für unsere Betrachtungen sollen diese Punkte aber genügen. Allein aus diesen Punkten werden Sie bereits viele wichtige Erkenntnisse für Ihr Trading gewinnen können. Unter anderem sehen Sie dadurch schwarz auf weiß, wie viele Gewinner und Verlierer innerhalb eines definierten Zeitraumes Einzug in Ihr Trading-Journal gefunden haben.

Die Anzahl der Gewinner und Verlierer innerhalb eines Zeitraumes – also beispielsweise eines Jahres – können wir für unsere weitere Betrachtung ins Verhältnis setzen. Wir können bestimmen, wie hoch der Anteil der Gewinner an der Gesamtzahl unserer Trades ist. Das ist die Trefferquote:

$$\frac{Anzahl\ Gewinner}{Anzahl\ abgeschlossener\ Trades} = Trefferquote$$

Über die Trefferquote erfahren Sie, mit welcher historischen Wahrscheinlichkeit ein Trade zum Gewinn führt oder aber ein Verlierer wird. Mit dieser Aussage bekommen Sie zumindest einen Teileinblick in die Qualität Ihrer Trades und Analysen.

In der Praxis konzentrieren sich viele Trader oftmals intensiv darauf, eine möglichst hohe Trefferquote zu erzielen. Diese wird schnell zum Maß aller Dinge. Je höher, desto besser.

Wie müssen wir das beurteilen? Ist die Trefferquote wirklich das Maß aller Dinge?

Angenommen, Sie sprechen mit einem Trader, der Ihnen berichtet, er hätte eine Trefferquote von 99 Prozent. Von 100 seiner durchgeführten Trades sind 99 Trades Gewinner. Sprechen Sie hier mit einem guten Trader? Einem Ausnahmetalent? Einem Meister seines Fachs?

Wir wissen es nicht. Können wir auch gar nicht. Denn um beurteilen zu können, ob ein Trader mit einer hohen Trefferquote ein guter Trader ist, müssen wir einen Blick hinter die Kulissen werfen. Die Frage, die in diesem Zusammenhang beantwortet werden muss, lautet, unter welchen Umständen kann bereits ein Trade im Verlust einen Totalverlust bedeuten.

Stellen Sie sich vor, dieser Trader erzählt Ihnen, dass er kein Risiko-Management betreibt. *»Einen Stop-Loss benötige ich nicht, ich habe ja eine Trefferquote von 99 Prozent.« Oder: »Die optimale Positionsgröße ist bei mir das gesamte Konto. Ich habe doch eine Trefferquote von 99 Prozent.«* Sie merken sicher bereits, worauf das hinausläuft. Unter diesen Umständen ist bereits ein Trade im Verlust ein Totalverlust.

Fragen Sie also das nächste Mal ruhig kritisch nach, unter welchen Umständen eine hohe Trefferquote erreicht wurde. Nur dann erhalten Sie das ganze Bild.

Vielleicht fragen Sie sich jetzt, wie hoch die Trefferquote denn sein muss, um erfolgreich handeln zu können. Es kann hierauf keine wirklich endgültige Antwort geben, solange wir nicht einen Blick auf die weiteren Umstände geworfen haben. Nur so viel können wir bereits sagen: Selbst mit einer Trefferquote von unter 50 Prozent haben Sie die Möglichkeit, ein sehr erfolgreicher Trader zu werden. Wir haben das bereits bei der Herleitung der optimalen Positionsgröße festgestellt.

Dazu passt der nächste Punkt. Angenommen, Sie haben tatsächlich eine Trefferquote, die unter 50 Prozent liegt. Worauf müssen Sie bei der Auswahl und Planung Ihrer Positionen besonders achten? Richtig. Sie müssen darauf achten, dass Sie mit jedem Gewinner deutlich mehr aus dem Markt herausholen, als Sie mit einem Verlierer in den Markt hineingeben. Hier kommt das Chance-Risiko-Verhältnis wieder ins Spiel.

Lassen Sie uns die Trefferquote nutzen, um noch etwas Grundsätzliches zu besprechen. Die Trefferquote bezeichnet ja den prozentualen Anteil der Gewinner am Gesamtergebnis. In der Umkehrung damit also auch die Anzahl der Verlierer.

Schauen wir uns die Situation des Verlierens an dieser Stelle einmal generell an. Wie sieht es bei Ihnen aus? Verlieren Sie gerne? Können Sie klein beigeben, zurückstecken? Können Sie direkt nach einem Verlust einfach so weitermachen?

Der Umgang mit dem Verlieren fällt uns von Natur aus nicht leicht. Wir hatten ja bereits bei der Risikobegrenzung darüber gesprochen. Deshalb hatten wir den Stop-Loss eingeführt, damit er uns vor hohen Verlusten schützt und so unser Risiko plan- und kalkulierbar macht.

Was bedeutet es generell, zu verlieren? Es muss ja nicht immer darum gehen, einen finanziellen Betrag zu verlieren. Verlieren ist vielfältig. Sie können beispielsweise auch in einer Diskussion unterliegen – verlieren. Oder Sie verlieren das bereits genannte Fußballspiel. Wir alle wissen, wie wir uns dabei fühlen. Und wir wissen auch, dass wir alles daran setzen werden, beim nächsten Mal das Verlieren zu vermeiden, um wieder zu den Gewinnern zu gehören.

Im normalen Leben ist dies sicher richtig und wichtig, aber im Trading gilt das genaue Gegenteil. Im Trading gehören Verluste einfach dazu. Sie sind Teil des Ganzen und lassen sich nicht vermeiden. Deshalb kommt es im Trading immer auf die Gesamtperformance an. Ein einzelner Trade ist bei richtigem Management nicht ausschlaggebend. Weder in die eine noch in die andere

Richtung. Ihr Anspruch muss es deshalb sein, in der Gesamtsumme ein positives Ergebnis zu erzielen, nicht in einem einzelnen Trade.

An dieser Stelle müssen wir uns fragen, wie Verluste überhaupt entstehen und wer dafür die Verantwortung trägt. Da gibt es sicher mehrere Ursachen. Die Gründe sind zum einen im Markt, zum anderen aber auch bei uns selbst zu suchen. Oftmals in der Kombination aus beidem.

Schauen wir uns hierzu eine typische Situation an, die sich tagtäglich in vielen Handelsräumen abspielt:

Stellen Sie sich vor, Sie haben nach professioneller Recherche und Analyse Ihre Position eröffnet und Ihren Stop-Loss sowie Ihr Ziel im Markt platziert. Der Kurs bewegt sich in Ihre Richtung, Sie laufen in den Gewinn und sehen sich bereits auf der Zielgeraden, als unvermittelt der Kurs dreht und langsam, aber stetig wieder in Richtung Ihres Einstiegspunktes heranläuft. Der Trade droht, in die falsche Richtung zu laufen, und nachdem Sie schon Ihren Gewinn hergeben mussten, wollen Sie nicht auch noch in den Verlust geraten. Stop-Loss hin oder her, so war das jetzt auch wieder nicht gedacht. Die Position wird schnell geschlossen und Sie steigen an Ihrem Einstiegspunkt mit »Break-even« aus dem Markt wieder aus. Kommt Ihnen das bekannt vor?

Sie haben den Trade beendet, obwohl weder der eine noch der andere Ihrer Eckpfeiler berührt wurde. Sie haben sich letztlich selbst aus dem Markt geworfen. Warum? Weil niemand gerne verliert. Schon gar nicht in Folge. Denn was bedeutet es, wenn Sie im Trading verlieren? Es bedeutet nichts anderes, als dass Sie erstens Geld beziehungsweise Kapital verlieren, und zweitens mit Ihrer Meinung offensichtlich falsch gelegen haben. Da ist es doch besser, vorher die Reißleine zu ziehen und den Trade zu beenden, bevor sich der Verlust aufbaut, oder? Ohne Gesichts- und finanziellen Verlust aussteigen, so könnten wir dieses Vorgehen bezeichnen.

Auf diese Weise wird aus einem potenziellen Gewinner ein sicherer Verlierer, der auch noch selbstverschuldet ist.

Gehen wir noch tiefer in dieses Fragestellung. Wer bestimmt denn, ob Ihre Trades Gewinner oder Verlierer werden? Sie oder der Markt? Natürlich kann es hierzu nur eine praktikable Antwort geben: Der Markt entscheidet über den Ausgang Ihrer Trades! Wer auch sonst? Dann stellt sich anschließend gleich die Frage, warum viele Trader ihn dann in schöner Regelmäßigkeit daran hindern, und die Entscheidung willkürlich selber herbeiführen.

Machen Sie sich bewusst: Nach der Positionseröffnung hat allein der Markt das Sagen. Über Ihren Stop-Loss sind Sie für den ungünstigen Fall nach unten abgesichert und haben dadurch bereits Sicherheit gewonnen. Den weiteren Verlauf der Position können Sie nicht beeinflussen. Sie können die Position nur laufen lassen und managen.

Mit dem Verlieren verbunden ist immer auch die unangenehme Frage nach der Verantwortung für den Verlust. Wer trägt Ihrer Meinung nach die Verantwortung für Ihre Verluste? Sie, der Markt oder ein anonymer Dritter? Auch das lässt sich leicht beantworten. Das sind immer Sie! Der Markt eröffnet keine Trades in Ihrem Namen, und ein anonymer Dritter hoffentlich auch nicht. Sie drücken auf den Knopf: Kaufen! Verkaufen! Sie müssen deshalb lernen, die Verantwortung für Ihre Trades in vollem Umfang zu übernehmen.

Haben Sie Ihre Marktanalyse nach bestem Wissen und Gewissen durchgeführt und das Trade-Management ist gemäß Ihrem Trading-Plan verlaufen, müssen Sie sich keine Vorwürfe machen, wenn aus dem Trade ein Verlierer wird. Da gibt es nichts, wofür Sie sich rechtfertigen müssten. Übernehmen Sie die Verantwortung für Ihr Handeln! Sie müssen sich lediglich zugestehen, nicht immer 100-prozentig recht haben zu können oder zu müssen.

Wo wir gerade über eigene Verantwortung sprechen: Viele Trader suchen Rat in Foren, Clubs oder Communitys, von denen sie sich Analysen, Signale und Strategien für ihr Trading einholen. Diese Vorgehensweise kann eine sinnvolle Ergänzung zu Ihrem Trading sein, ein Auslagern von Verantwortung schaffen Sie damit natürlich nicht. Denn unabhängig, von wem die umgesetzte Trading-Idee letztlich stammt, die Ausführung eines Trades liegt immer noch ausschließlich bei Ihnen. Lassen Sie sich deshalb vor diesem Hintergrund unbedingt dazu ermutigen, Ihre eigenen Trading-Ideen umzusetzen und gleichzeitig vollverantwortlich zu handeln.

Sie müssen lernen, mit dem Verlieren umzugehen, und dabei akzeptieren, dass Verlieren einfach ein fester Bestandteil eines erfolgreichen Tradings ist. Wir sprachen zu Anfang des Buches in diesem Zusammenhang bereits von Kosten. Natürlich wollen Sie die Kosten gering halten, vermeiden aber können Sie sie nicht. Und mit dieser Selbstverständlichkeit müssen Sie den Verlusten im Trading auch begegnen.

Wenn Sie jetzt allerdings bei der Analyse Ihrer Trading-Statistik feststellen, dass Ihre Verluste insgesamt höher sind als die Summe Ihrer Gewinner, Sie also im Gesamtverlust sind, dann besteht natürlich Handlungsbedarf. Dann gilt es, genau zu analysieren, an welchen Stellschrauben noch grobe oder feine Einstellungen vorzunehmen sind, um das Verhältnis wieder zu Ihren Gunsten zu drehen.

Die Trefferquote ist somit ein wichtiger Baustein in Ihrer Money-Management-Strategie zur Analyse und Optimierung Ihrer Ergebnisse.

Zusammenfassend gibt uns die Trefferquote einen guten Anhaltspunkt, wie es mit dem Gewinnen und Verlieren im Gesamtbild steht. Aber allein für sich betrachtet, ist sie nicht aussagekräftig.

Neben dem einzugehenden Risiko pro Trade, dem Chance-Risiko-Verhältnis und der Trefferquote benötigen wir noch ein viertes Element, um unsere Betrachtung wirklich zu vervollständigen.

Im ersten Kapitel des Buches haben wir uns mit den verschiedenen Trading-Stilen beschäftigt. Wir waren so weit gekommen, dass wir in den verschiedenen Trading-Stilen unser einzugehendes Risiko entsprechend auf die Trading-Stile ausgerichtet haben. Mit den Trading-Stilen hat unser viertes Element zumindest teilweise zu tun. Denn was die verschiedenen Trading-Stile auf den ersten Blick unterscheidet, ist die Anzahl der Positionen, die in einem Gesamtzeitraum eröffnet und geschlossen werden können. So handelt ein Intraday-Trader ungleich mehr auf Wochen- oder Monatssicht als ein Swing- oder gar ein Positions-Trader. Der Intraday-Trader handelt im Laufe einer Woche vielleicht sogar öfter als der Positions-Trader im gesamten Jahr.

Auch hier können wir uns die Frage stellen, ob wir durch die Betrachtung der Anzahl der Trades Rückschlüsse auf die Qualität des Traders ziehen können. Mittlerweile wissen Sie ja, worauf diese Frage abzielt: Natürlich nicht. Wir benötigen mehr Informationen, um die Anzahl der durchgeführten Trades – die Handelsfrequenz – richtig bewerten zu können.

Hören wir beispielsweise von einem Positions-Trader, er hätte im Jahr 300 Trades umgesetzt, dann wird uns diese Aussage möglicherweise ins Grübeln bringen. Hören wir dieselbe Aussage von einem Intraday-Trader, dann erscheint uns diese Zahl als völlig selbstverständlich, ja vielleicht hätten wir sogar mehr erwartet.

Wir können aber noch mehr Informationen aus der Betrachtung der Handelsfrequenz gewinnen. Wenn ein Trader im Jahr 300 Trades ausführt, dann stellt sich die Frage, inwieweit sein Risiko-Management darauf ausgerichtet ist. Wie sieht sein einzelnes Positionsrisiko und wie sieht sein Gesamtrisiko aus?

Viele Trader machen sich am Beginn ihrer Karriere keine Gedanken über diese Zusammenhänge. Da der Zugang zu den Finanzmärkten mittlerweile so einfach ist wie die Bestellung eines Buches, laufen Einsteiger Gefahr, sich unüberlegt und zu schnell ins Börsengeschehen zu stürzen. Mit wenigen Klicks ist ein Konto kapitalisiert, die ersten Positionen werden eröffnet und ein paar glückliche Trades später ist die Börsenwelt in Ordnung. Verlustbegrenzung? Fehlanzeige! Gewinnziel? Naja. Positionsgröße? Mal so, mal so. Sie können sich vorstellen, wo das hinführt. Deshalb war es wichtig, dass Sie sich über Risiko-Management Gedanken gemacht haben, und deshalb war es auch unerlässlich, dass Sie sich die einzelnen Elemente eines professionellen Money-Managements angeeignet haben.

Führen wir diese vier Elemente jetzt zusammen und betrachten sie nicht mehr nur für sich allein, sondern im Zusammenspiel miteinander.

## Traue deiner Statistik ... Die Aussagekraft von Risiko, Chance-Risiko-Verhältnis, Trefferquote und Handelsfrequenz in der Praxis

Mit unseren vier vorgestellten Elementen können wir unser Money-Management professionalisieren und unsere Trading-Ergebnisse im Zusammenhang bewerten.

Beginnen wir mit dem Risiko. Die Risikobegrenzung stellt einen wesentlichen Teil unserer Betrachtungen dar und stellt überhaupt erst sicher, dass Sie langfristig im Trading erfolgreich sind. Wenn wir die Betrachtung aber nur auf das Risiko beschränken, kommen wir nicht weit. Denn allein die Aussage, dass Sie ein Prozent Ihres Handelskontos pro Trade als Risiko einsetzen, zeigt zwar, dass Sie Ihr Risiko begrenzen, mehr aber auch nicht.

Gut, wenn Sie das eingegangene Risiko auch in Bezug zum zu erzielenden Gewinn setzen können. Insbesondere dann, wenn der Gewinn höher ausfällt als das Risiko, das Sie dafür in Kauf nehmen müssen. Allerdings kommt es hier nicht darauf an, was alles möglich ist, sondern darauf, was tatsächlich möglich war – was erreicht wurde. Die Betrachtung des Chance-Risiko-Verhältnisses gibt Ihnen für Ihr Risiko- und Money-Management sowie die Optimierung Ihrer Trading-Ergebnisse nur dann die richtigen Anhaltspunkte, wenn Sie das realisierte Chance-Risiko-Verhältnis betrachten. Allein aber nur das realisierte Chance-Risiko-Verhältnis zu betrachten, hilft bei der Optimierung unserer Trading-Ergebnisse wiederum auch nicht weiter.

Dann nehmen wir doch noch die Trefferquote mit in unsere Betrachtung. Eine hohe Trefferquote zu erzielen, ist der Wunsch der meisten Trader. Isoliert betrachtet ist sie allerdings ebenfalls nicht verwertbar. Wenn Sie dagegen die Trefferquote im Zusammenhang mit dem erzielten Chance-Risiko-Verhältnis betrachten, dann erhalten Sie die relevanten Informationen, die Sie für die Optimierung Ihrer Gesamtergebnisse benötigen. Na bitte, so kommen wir bereits einen Schritt weiter.

Schließlich war die Handelsfrequenz Gegenstand unserer Betrachtungen. Intraday-Trader handeln viel, Positions-Trader eher weniger. Nach dieser Faustformel könnten wir auch dieses Thema schnell als erledigt betrachten. Wären da nicht auch wichtige und wesentliche Informationen für uns versteckt, die gerade im Zusammenspiel mit der Trefferquote oder dem realisierten Chance-Risiko-Verhältnis zum Tragen kommen.

Jetzt erst wird die Sache rund, und es kommt schließlich Bewegung in unsere Analyse. Bringen wir diese Elemente doch einfach mal zusammen:

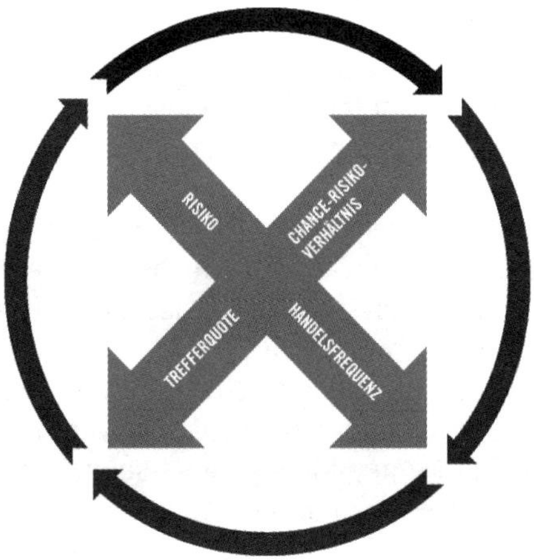


***Abbildung 32: Die »Money-Management-Matrix« zeigt das Zusammenspiel der vier Elemente eines professionellen Risiko- und Money-Managements.***

Wir können mit der »Money-Management-Matrix« das Zusammenspiel von Positions- beziehungsweise Gesamtrisiko, dem realisierten Chance-Risiko-Verhältnis, der Trefferquote und der Handelsfrequenz betrachten. Die »Money-Management-Matrix« ist ein perfektes Instrument, um die eigenen Trading-Ergebnisse zu analysieren und in Beziehung miteinander zu setzen. Die Matrix unterstützt Sie darüber hinaus auch in der Planung und Festlegung Ihrer künftigen Trading-Strategie.

Zu Beginn dieses Teils wurde Ihnen die Nutzung eines Trading-Journals vorgeschlagen. Aus gutem Grund. Denn nur wenn Sie sich Aufzeichnungen anfertigen, die Ihre Tätigkeit im Trading dokumentieren, können Sie diese auch statistisch auswerten. Jetzt geht es ja nicht darum, komplexe Formeln und Werte zu berechnen. Ganz im Gegenteil. In den allermeisten Punkten geht es im Endeffekt darum, die aufsummierten Elemente in ihrer Gesamtheit zu betrachten und gegenüberzustellen. Und die Trefferquote lässt sich eben nun mal nur aus der Gesamtsumme aller Trades errechnen.

Nehmen wir an, Sie hätten sich ein solches Trading-Journal angelegt und konkrete Werte zu Ihrer Trefferquote, Ihrer Handelsfrequenz und Ihrem realisierten Chance-Risiko-Verhältnis ermittelt. Ihr einzugehendes Risiko kennen Sie ja sowieso schon vor der Positionseröffnung, unabhängig von einem Trading-Journal.

Ein Beispiel[14]: Sie sind mit Ihrem Handelskonto in Höhe von 10.000 Euro gestartet und analysieren am Jahresende[15] Ihre Ergebnisse. Dabei stellen Sie fest, dass Sie insgesamt 100 Trades durchgeführt haben. In diesen Trades sind Sie jeweils ein Risiko in Höhe von einem Prozent Ihres Handelskontos eingegangen, also 100 Euro.[16] Insgesamt konnten Sie ein realisiertes Chance-Risiko-Verhältnis von 1,5 bei einer Trefferquote von 50 Prozent erzielen. Wie können wir dieses Ergebnis beurteilen?

---

[14] Wir lassen bei unseren nachfolgenden Betrachtungen bewusst die Kosten und Gebühren der Trades aus, wichtig ist uns hier die Systematik. Wir wollen es »simplified« halten!

[15] Selbstverständlich können Sie das Beschriebene auch auf kürzere Zeiträume übertragen.

[16] Auch diesen Betrag halten wir der Einfachheit halber konstant. In der Praxis macht es natürlich Sinn, den absoluten Betrag schrittweise an die aktuelle Kontogröße anzupassen.

Lassen Sie diese Zahlen zunächst etwas auf sich wirken. Was meinen Sie: Welche Ergebnisse sind wohl möglich, wenn Sie beispielsweise am Ende eines Jahres diese Zahlen realisiert haben? Immerhin gehen Sie »nur« ein Risiko in Höhe von 100 Euro pro Trade ein.

| | |
|---|---|
| Trading-Konto | 10.000,00 € |
| Risikobetrag prozentual | 1,0 % |
| Trefferquote | 50 % |
| Chance-Risiko-Verhältnis | 1,5 |
| Risikobetrag absolut | 100,00 € |
| Handelsfrequenz | 100 |
| erzielter Gewinn | 2.500,00 € |

***Abbildung 33: Die Elemente der »Money-Management-Matrix« in Aktion***

Wir können festhalten, dass Sie mit einem Gesamtgewinn in Höhe von 25 Prozent vom Handelskonto abgeschlossen haben! Konkret konnten Sie durch Ihr realisiertes Chance-Risiko-Verhältnis von 1,5 jeden einzelnen Verlust nicht nur ausgleichen, sondern auch noch einen zusätzlichen Gewinn pro Gewinn-Trade verbuchen. Obwohl Sie jeden zweiten Trade im Minus beendet haben, konnten Sie mehr als profitabel handeln. Das haben Sie Ihrem realisierten Chance-Risiko-Verhältnis in Höhe von 1,5 zu verdanken!

Wie würde Ihr Ergebnis aussehen, wenn Sie unterm Strich nur ein realisiertes Chance-Risiko-Verhältnis von 1 erzielt hätten? Das können wir schnell im Kopf berechnen. Das Ergebnis ist null.

Als Fazit können wir festhalten, dass bis zu einem realisierten Chance-Risiko-Verhältnis von etwas über 1 und einer Trefferquote von 50 Prozent ein profitabler Handel gewährleistet ist. Inwieweit Sie das dann erzielte Ergebnis in der Entwicklung Ihres Handelskontos weiterbringt, ist natürlich eine andere Frage.

Betrachten wir ein weiteres Beispiel: Sagen wir, Sie haben eine Trefferquote von nur 40 Prozent bei sonst gleichen Parametern. Wie hoch fällt jetzt Ihr Gesamtgewinn aus? Oder sind Sie bereits im Gesamtverlust?

Tatsächlich weder noch. Mit einem realisierten Chance-Risiko-Verhältnis in Höhe von 1,5 und einer Trefferquote von 40 Prozent sind Ihre Trading-Ergebnisse genau bei null! Sie sind weder im Gewinn noch im Verlust. Immerhin.

| | |
|---|---|
| Trading-Konto | 10.000,00 € |
| Risikobetrag prozentual | 2,0 % |
| Trefferquote | 40 % |
| Chance-Risiko-Verhältnis | 1,5 |
| Risikobetrag absolut | 200,00 € |
| Handelsfrequenz | 100 |
| erzielter Gewinn | 0,00 € |

***Abbildung 34: Die Elemente der »Money-Management-Matrix« in Aktion I. Wir haben die Trefferquote auf 40 Prozent abgesenkt.***

Das heißt als Fazit, dass Sie deutlich weniger als die Hälfte an Gewinnern benötigen, um profitabel zu traden. Sie müssen dann allerdings strikt auf Ihr realisiertes Chance-Risiko-Verhältnis achten. Fallen Sie bei einer realisierten Trefferquote in Höhe von 40 Prozent unter ein Chance-Risiko-Verhältnis von 1,5, geraten Sie in den Gesamtverlust.

In diesem Zusammenhang können wir noch einen weiteren Punkt betrachten, den wir zur Beurteilung unserer Trading-Strategie benötigen. Wir sind über die Trefferquote, die Handelsfrequenz und das Chance-Risiko-Verhältnis zu dem Ergebnis gekommen, dass diese in einem engen Bezug zueinander stehen. Dabei ist gerade die Trefferquote auch ein guter Ausgangspunkt, um festzustellen, ob eine Strategie an sich überhaupt profitabel sein kann. Um das festzustellen, müssen wir uns noch einmal genauer mit der Trefferquote und der Handelsfrequenz beschäftigen.

Um bei unserem ersten Beispiel zu bleiben, können wir aus der Tatsache, dass wir in der einen Hälfte unserer 100 Trades einen Gewinn in Höhe von 150 Euro pro Trade und in der anderen Hälfte einen Verlust in Höhe von 100 Euro pro Trade erzielt haben, ableiten, inwieweit unsere Strategie überhaupt profitabel ist. Wir können daraus den »Erwartungswert« berechnen.

Hierfür müssen wir die Trefferquote mit dem Durchschnitt aller Gewinner multiplizieren und davon die Verliererquote multipliziert mit dem Durchschnitt aller Verlierer abziehen. Was sich kompliziert anhört, ist in der Praxis einfach zu berechnen.

**(Trefferquote × Durchschnitt aller Gewinner) - (Verliererquote × Durchschnitt aller Verlierer) = Erwartungswert**

Wie erhalten Sie den Durchschnitt aller Gewinner beziehungsweise Verlierer? Sie zählen einfach alle erzielten Gewinne zusammen und dividieren diese durch die Anzahl der Trades, die im Gewinn geschlossen haben. Analog gehen Sie für den Durchschnitt der Verlierer vor.

Auf unser erstes Beispiel angewendet können wir den Erwartungswert berechnen:

$$(50\,\% \times 150\,€) - ((1 - 50\,\%) \times 100\,€) = \textit{Erwartungswert}$$

$$75\,€ - 50\,€ = \textit{Erwartungswert} = 25\,€$$

Was bedeutet das für unsere Trading-Strategie? Das heißt letztlich nichts anderes, als dass wir im Schnitt mit jedem Trade einen Gewinn in Höhe von 25 Euro erzielen. Egal ob der einzelne Trade ein Gewinner oder ein Verlierer ist, im Schnitt erzielen wir unter den gegebenen Umständen einen Gewinn von 25 Euro. Das ist doch eine beruhigende Tatsache und stellt noch einmal deutlich heraus, dass nicht der einzelne Trade zählt, sondern die Gesamtheit aller

Trades. Und das bedeutet natürlich auch, dass wir genau diese Gesamtheit optimieren können und müssen!

Wir können den Erwartungswert auch noch für unser zweites Beispiel berechnen, in dem wir eine Trefferquote in Höhe von 40 Prozent angenommen haben.

$$(40\ \% \times 150\ €) - (1 - 40\ \%) \times 100\ € = \text{Erwartungswert}$$

$$60\ € - 60\ € = Erwartungswert = 0\ €$$

Hier bestätigt sich unsere vorherige Berechnung. Das Ergebnis ist hier ebenfalls null. Wenn Sie unter den im zweiten Beispiel genannten Umständen traden, dann bewegen Sie sich nicht von der Stelle. Ein Trade bringt Sie nicht weiter, genauso wenig, wie er Sie zurückwirft. Sie bewegen sich aber im Endeffekt immer an der Grenze zum Gesamtverlust.

Wenn Sie also den Erwartungswert als Beurteilungskriterium für Ihre persönliche Trading-Strategie heranziehen wollen, dann achten Sie konsequent darauf, dass dieser positiv ist. Sobald der Erwartungswert in den negativen Bereich fällt, verlieren Sie im Durchschnitt mit jedem einzelnen Trade Geld!

Damit ergibt sich für Ihre kommenden Trades eine wichtige Empfehlung. Seien Sie konsequent in der Auswahl Ihrer Positionen und gehen Sie nur die Trades ein, bei denen Ihnen die Wahrscheinlichkeit als hoch erscheint, dass Sie Ihr geplantes Chance-Risiko-Verhältnis auch wirklich erreichen können. In diesem Sinne gilt: Qualität vor Quantität!

Einen weiteren Punkt müssen wir noch ansprechen, bevor wir unsere Betrachtungen fortführen können. Wir gehen bislang bei unseren Betrachtungen immer davon aus, dass Sie entweder den Verlust in voller Höhe oder den Gewinn in geplanter Höhe realisieren. Dazwischen gibt es nichts. Sie können sich leicht vorstellen, dass Sie in der Praxis auch Trades realisieren werden, die in ihren Ergebnissen irgendwo dazwischen liegen werden. Das wiederum ist eine Frage des Trade-Managements, mit dem wir uns unter anderem im nächsten Kapitel beschäftigen werden. Bis dahin bleiben wir bei der »Entweder-oder-Betrachtung«.

Anhand der »Money-Management-Matrix« lässt sich ebenfalls sehr schön die gegenseitige Abhängigkeit und Beeinflussung der vier verschiedenen Elemente darstellen und erkennen. Tatsächlich stehen diese sowohl in einem direkten als auch in einem indirekten Zusammenhang und beeinflussen sich gegenseitig. Wenn wir ein einzelnes Element aus unserer Matrix verändern, verändern wir dadurch das Gesamtergebnis. Diesen Umstand können Sie sich für Ihre Planung des Gesamtergebnisses zunutze machen.

Wie sieht diese gegenseitige Beeinflussung aus? Betrachten wir beispielsweise Ihre Handelsfrequenz. Angenommen, Sie planen die Verdopplung Ihrer Handelsfrequenz von – sagen wir – 100 Trades auf 200 Trades. Damit verdoppeln Sie unter sonst gleichen Umständen Ihr Trading-Ergebnis.

| | |
|---|---|
| **Trading-Konto** | 10.000,00 € |
| **Risikobetrag prozentual** | 1,0 % |
| **Trefferquote** | 50 % |
| **Chance-Risiko-Verhältnis** | 1,5 |
| **Risikobetrag absolut** | 100,00 € |
| **Handelsfrequenz** | 200 |
| **erzielter Gewinn** | 5.000,00 € |

***Abbildung 35: Die Elemente der »Money-Management-Matrix« in Aktion II. Wir haben die Handelsfrequenz verdoppelt.***

Welche Auswirkungen hat das beispielsweise auf Ihr Risiko? Sie verdoppeln im gleichen Schritt natürlich auch Ihr Gesamtrisiko. Wenn Sie dieses nicht in Ihre Überlegungen einbinden, können Sie sehr schnell ins Hintertreffen geraten.

Betrachten wir noch einen weiteren Punkt: Angenommen, Sie erhöhen Ihr geplantes Chance-Risiko-Verhältnis ab sofort von 1,5 auf

3. Was bedeutet das für Ihr Gesamtergebnis? Sicher wird sich dieses erhöhen. Was meinen Sie – unter sonst gleichen Umständen – um wie viel wird sich Ihr Gesamtergebnis wohl verändern?

| | |
|---|---|
| Trading-Konto | 10.000,00 € |
| Risikobetrag prozentual | 1,0 % |
| Trefferquote | 50 % |
| Chance-Risiko-Verhältnis | 3,0 |
| Risikobetrag absolut | 100,00 € |
| Handelsfrequenz | 100 |
| erzielter Gewinn | 10.000,00 € |

*Abbildung 36: Die Elemente der »Money-Management-Matrix« in Aktion III. Wir haben das Chance-Risiko-Verhältnis von 1,5 auf 3 in unserer Planung verdoppelt.*

Ihr Gesamtergebnis hat sich nicht nur verdoppelt, nein, es hat sich vervierfacht! Bevor Sie jetzt vorschnell in Begeisterung verfallen, lassen Sie uns aber auch realistisch bleiben. Wie wird sich die Veränderung des geplanten Chance-Risiko-Verhältnisses auf Ihre Trefferquote auswirken? Wir können bereits im Vorfeld sagen, dass eine Veränderung im Chance-Risiko-Verhältnis auch eine Veränderung in der Trefferquote nach sich ziehen wird. Ob Sie dann immer noch eine Trefferquote von 50 Prozent erzielen werden, ist fraglich. Wie bereits beschrieben, benötigen Sie dieses auch gar nicht, um Gewinn zu machen. Ihr Gesamtergebnis wird in diesem Zusammenspiel aber höchstwahrscheinlich unterhalb der oben erreichten Vervierfachung liegen.

Was passiert schließlich, wenn Sie Ihre Trefferquote verändern? Angenommen, Sie können Ihre Trefferquote von 50 Prozent auf 60 Prozent erhöhen. Von 100 Trades enden 60 Trades im Gewinn. Allein dadurch erhöhen Sie natürlich Ihr Gesamtergebnis.

| | |
|---|---|
| Tradingkonto | 10.000,00 € |
| Risikobetrag Prozentual | 1,0% |
| Trefferquote | 60% |
| Chance-Risiko-Verhältnis | 1,5 |
| Risikobetrag Absolut | 100,00 € |
| Handelsfrequenz | 100 |
| erzielter Gewinn | 5.000,00 € |

***Abbildung 37: Die Elemente der »Money-Management-Matrix« in Aktion IV. Wir haben die Trefferquote von 50 Prozent auf 60 Prozent erhöht.***

Bei sonst gleichbleibenden Elementen erlaubt Ihnen die Verbesserung Ihrer Trefferquote von 50 Prozent auf 60 Prozent eine Verdoppelung Ihres Gesamtergebnisses. Das bedeutet, dass Sie mit zehn Gewinn-Trades mehr Ihr Ergebnis verdoppeln können! Leider gilt das nicht linear. Wenn Sie Ihre Trefferquote dann von 60 Prozent auf 70 Prozent erhöhen sollten, liegt Ihr Ergebnis bezogen auf unsere Beispielrechnung bei 7.500 Euro.

Eine positive Entwicklung in unserer »Money-Management-Matrix« erlaubt uns, auch die anderen Elemente zu steigern. Stellen Sie sich dazu vor, Sie erhöhen mit dieser verbesserten Trefferquote jetzt zusätzlich noch Ihre Handelsfrequenz! Sie können durch die Verbesserung der einen Komponente Ihre Ergebnisse noch weiter verbessern, indem Sie die anderen Komponenten ebenfalls verbessern. Wir schauen das zum Abschluss dieses Kapitels noch genauer an.

Abschließend können wir bereits festhalten, dass Sie mit der »Money-Management-Matrix« ein mächtiges Instrument in der Hand haben, mit dem Sie Ihre Trading-Ergebnisse durch gezielte Veränderungen der einzelnen Komponenten auf ein neues Niveau heben können!

## Gutes besser machen: So optimieren Sie Ihr Money-Management und verbessern Ihre Trading-Ergebnisse!

Wir haben anhand mehrerer Beispiele gesehen, dass Sie Ihr Money-Management mit den vier Elementen der Matrix punktgenau steuern können. Wir wollen jetzt die Gelegenheit nutzen, um unsere Planungen und Betrachtungen weiter zu vertiefen, mit dem Ziel, Ihre Trading-Ergebnisse mit den gegebenen Mitteln zu verbessern.

Dabei schauen wir noch einmal genau hin: Welches Element müssen wir wie verändern, um unter sonst gleichen Umständen bessere Ergebnisse zu erzielen? Wo können wir Schwächen ausgleichen, indem wir starke Elemente vertiefen?

Die Diskussion dieser Fragen ist insoweit wichtig für Sie, weil Sie bei der Analyse Ihrer Trading-Historie immer wieder auf Punkte stoßen werden, in denen Sie bereits Stärken aufweisen, aber auch Punkte entdecken werden, wo Sie sich noch verbessern können.

Lassen Sie uns zunächst mit den Stärken beginnen. Wo können wir auf den vorhandenen Stärken aufbauen und diese wiederum nutzen, um das Gesamtergebnis zu verbessern?

Stellen Sie sich vor, Sie realisieren eine Trefferquote von 60 Prozent. Sechs von zehn Trades werden im Gewinn geschlossen. Wenn wir bei unseren bereits bekannten Parametern bleiben, bedeutet das für Sie, dass Sie einen Gewinn in Höhe von 50 Prozent Ihres ursprünglichen Handelskontos erzielt haben!

Eigentlich könnten Sie damit doch ganz zufrieden sein, oder? Lassen Sie uns trotzdem diesen Wert als Basis unserer Optimierungsstrategie nehmen, um das Gesamtergebnis noch weiter zu erhöhen.

Damit Sie die Berechnungen auch anhand Ihrer eigenen erzielten Ergebnisse durchführen können, werfen wir noch einen schnellen Blick auf die Formel, die hinter unseren Berechnungen steckt:

*(HF × TQ × CRV × R) – (HF × (1 – TQ) × R) = Trading – Gesamtergebnis*

Wobei wir mit HF die Handelsfrequenz, mit TQ die Trefferquote, mit CRV das Chance-Risiko-Verhältnis und mit R das Risiko bezeichnen.

Welchen Wert können wir nun anpassen, um die Ergebnisse unter sonst gleichen Umständen zu erhöhen?

Zuallererst bietet sich die Handelsfrequenz an. Wenn Sie sich vorstellen, dass Sie einfach nur mehr Trades umsetzen müssen – beispielsweise 200 statt 100 Trades –, um den Gesamtgewinn zu erhöhen, dann klingt das zunächst logisch. Allerdings müssen Sie dazu doppelt so viele Einstiegsgelegenheiten mit der gleichen Qualität finden, die Ihre bisher ausgeführten Trades auch hatten. Inwieweit das tatsächlich machbar ist, ist fraglich. Dennoch stellt das eine Möglichkeit für Sie dar.

| | |
|---|---|
| Trading-Konto | 10.000,00 € |
| Risikobetrag prozentual | 1,0 % |
| Trefferquote | 60 % |
| Chance-Risiko-Verhältnis | 1,5 |
| Risikobetrag absolut | 100,00 € |
| Handelsfrequenz | 100 |
| erzielter Gewinn | 5.000,00 € |

| | |
|---|---|
| Trading-Konto | 10.000,00 € |
| Risikobetrag prozentual | 2,0 % |
| Trefferquote | 60 % |
| Chance-Risiko-Verhältnis | 1,5 |
| Risikobetrag absolut | 200,00 € |
| Handelsfrequenz | 100 |
| erzielter Gewinn | 10.000,00 € |

***Abbildung 38 und 39: Die Trefferquote von 60 Prozent erzeugt bereits einen Gesamtgewinn von 50 Prozent. Durch die Erhöhung des Risikos auf 2 Prozent lässt sich das Ergebnis verdoppeln.***

Eine andere Möglichkeit liegt in der Erhöhung des Einzelrisikos pro Trade. Ja, Sie haben richtig gelesen! Wenn Sie eine deutlich positive Trefferquote vorweisen können, können Sie Ihr Risiko erhöhen. Natürlich nicht unbegrenzt, aber mit Augenmaß. So können Sie durchaus das Risiko von 1 Prozent auf 1,5 Prozent oder sogar 2 Prozent erhöhen. Damit erhöht sich zwar auch Ihr Gesamtrisiko, und Sie müssen dazu erneut einen Handlungsplan erstellen, in dem Sie unter den angepassten Voraussetzungen Ihre Grenze ziehen. In der Konsequenz aber setzen Sie die gleiche Anzahl an Trades um, planen und realisieren ein unverändertes Chance-Risiko-Verhältnis und erhöhen Ihr Gesamtergebnis um 50 Prozent oder sogar um 100 Prozent.

Selbstverständlich müssen Sie genau beobachten, wie sich Ihre Strategie entwickelt, und unter Umständen die Parameter wieder abändern, sobald die Ergebnisse signifikant von Ihrer Planung abweichen. Unter den genannten Voraussetzungen aber können Sie Ihr Gesamtergebnis auf diese Weise deutlich verbessern.

Natürlich ist es nicht selbstverständlich, eine Trefferquote in Höhe von 60 Prozent zu erzielen. Gerade zu Beginn einer Trading-Karriere ist es nicht leicht, eine Trefferquote zu erreichen, die ein positives Gesamtergebnis verspricht. Nehmen wir als Beispiel eine Trefferquote von 30 Prozent, die in unserem Fall zu einem negativen Gesamtergebnis führt. Unser Ziel ist es nun, unter diesen Umständen ein positives Gesamtergebnis zu erhalten. Im Mindesten muss hier eine »Null« drin sein! Wie können wir dies schaffen?

Die unmittelbare erste Konsequenz daraus ist bereits klar. Runter mit dem Risiko pro Trade!

Neben der Senkung des Risikos bietet sich zusätzlich auch eine Senkung des Chance-Risiko-Verhältnisses an!

Der scharfe Rechner hat es bereits erkannt. Allein durch die Anpassung des geplanten Chance-Risiko-Verhältnisses nach unten wird das Gesamtergebnis unter unveränderten Umständen rein rechnerisch schlechter. Das stimmt und hat auch weiterhin Gültigkeit. Aber durch die Senkung des Chance-Risiko-Verhältnisses und damit des Gewinnziels erhöhen wir die Wahrscheinlichkeit, dass aus den eingegangenen Trades Gewinner werden. Was wiederum die Trefferquote erhöht.

| | |
|---|---|
| Trading-Konto | 10.000,00 € |
| Risikobetrag prozentual | 1,0 % |
| Trefferquote | 30 % |
| Chance-Risiko-Verhältnis | 1,5 |
| Risikobetrag absolut | 100,00 € |
| Handelsfrequenz | 100 |
| erzielter Gewinn | -2.500,00 € |

| | |
|---|---|
| Trading-Konto | 10.000,00 € |
| Risikobetrag prozentual | 0,5 % |
| Trefferquote | 46 % |
| Chance-Risiko-Verhältnis | 1,2 |
| Risikobetrag absolut | 50,00 € |
| Handelsfrequenz | 100 |
| erzielter Gewinn | 60,00 € |

***Abbildung 40 und 41: Veränderungen im Chance-Risiko-Verhältnis erhöhen die Trefferwahrscheinlichkeit und erhöhen damit die Trefferquote. Gleichzeitig wird das Risiko abgesenkt. Als Folge verbessert sich das Gesamtergebnis.***

In unserem Beispiel senken wir das Risiko pro Trade um die Hälfte auf 0,5 Prozent des Handelskontos und senken das geplante Chance-Risiko-Verhältnis auf 1,2 ab. Um in den grünen Bereich zu kommen, benötigen wir eine Trefferquote von etwas weniger als 46 Prozent. Durch das niedrigere Chance-Risiko-Verhältnis ist diese Möglichkeit gegeben, denn die Wahrscheinlichkeit des Gewinnens steigt.

Um aus dem roten in den grünen Bereich zu kommen, können dies die möglichen Maßnahmen sein, die wir seitens des Risiko- und Money-Managements konkret unternehmen können. Zusätzlich ist natürlich auch die Ursachenforschung bezüglich der Trading-Strategie, der Methodik der Analyse und der eigenen persönlichen Herangehensweise an das Trading angebracht.

Betrachten wir einen weiteren Punkt. Angenommen, Sie erkennen bei Ihrer Analyse, dass Ihr realisiertes Chance-Risiko-Verhältnis insgesamt bei 1,2 liegt. Sie wollen Ihr Gesamtergebnis verbessern. Welche Komponenten können Sie dafür verstärken?

An dieser Stelle können wir bereits festhalten, dass Ihre Trefferquote unter diesen Bedingungen über 45 Prozent liegen muss, damit Ihr Trading profitabel ist. Wahrscheinlich liegt sie darüber, da Sie Ihre Gewinne schneller mitnehmen und das zu erreichende Ziel näher an Ihrem Einstiegspunkt liegt.

Nehmen wir der Einfachheit halber an, Sie erzielen wiederum eine Trefferquote in Höhe von 50 Prozent, dann generieren Sie unter den genannten Umständen einen Gewinn in Höhe von 10 Prozent Ihres Handelskontos. Das ist schon mehr als respektabel und schlägt die Ergebnisse vieler professioneller Anleger um Längen. Um Ihren Gewinn weiter zu erhöhen, könnten Sie natürlich Ihr Risiko erhöhen, wobei hier in dieser Kombination doch lieber ein moderates Vorgehen angezeigt ist.

| | |
|---|---|
| **Trading-Konto** | 10.000,00 € |
| **Risikobetrag prozentual** | 1,0 % |
| **Trefferquote** | 50 % |
| **Chance-Risiko-Verhältnis** | 1,2 |
| **Risikobetrag absolut** | 100,00 € |
| **Handelsfrequenz** | 100 |
| **erzielter Gewinn** | 1.000,00 € |

| | |
|---|---|
| Trading-Konto | 10.000,00 € |
| Risikobetrag prozentual | 1,5 % |
| Trefferquote | 50 % |
| Chance-Risiko-Verhältnis | 1,2 |
| Risikobetrag absolut | 150,00 € |
| Handelsfrequenz | 150 |
| erzielter Gewinn | 2.250,00 € |

***Abbildung 42 und 43: Ein niedriges Chance-Risiko-Verhältnis kann durch eine Erhöhung der Handelsfrequenz und eine moderate Anhebung des Risikos ausgeglichen werden.***

Eine weitere Möglichkeit ist es, die Anzahl der Trades zu erhöhen. Jetzt hatten wir diesen Punkt oben bereits kritisch diskutiert, dennoch liegt hier eine Möglichkeit der Ergebnisverbesserung. Ein Mittelweg kann in diesem Fall eine leichte Erhöhung des Risikos auf beispielsweise 1,5 Prozent und eine Erhöhung der Handelsfrequenz sein. Beispielswiese eine Erhöhung um 50 mehr durchgeführte Trades. Im Ergebnis haben Sie Ihren Gewinn dann mehr als verdoppelt. Kleine Maßnahme, große Wirkung.

Wir können bei unserer Betrachtung von Risiko und Handelsfrequenz bleiben und uns überlegen, wie wir unser Gesamtergebnis optimieren können, wenn wir nur mit einem kleinen Risiko in den Markt gehen. Wir benötigen keine Tabelle dafür, um als Faustregel sagen zu können, dass wir mit einem kleinen einzugehenden Risiko pro Position auch die Möglichkeit haben, öfter und aggressiver zu handeln. Das heißt, solange unser realisiertes Chance-Risiko-Verhältnis mindestens bei 1 bleibt. Fällt es darunter, dann müssen wir unsere Strategie in jedem Fall neu überdenken.

Lassen Sie uns im letzten Beispiel unserer Betrachtungen so richtig in die Vollen gehen. Stellen Sie sich vor, Sie haben eine Strategie entwickelt, die Ihnen am Ende eines Handelsjahres ein realisiertes Chance-Risiko-Verhältnis in Höhe von 2,5 beschert. Sicher können Sie dieses Ergebnis nach unseren vorangegangenen Beispielen entsprechend würdigen. Ihre übrigen Parameter bleiben unverändert. Was können Sie noch verändern, um das Gesamtergebnis zu steigern?

Gehen wir die »Money-Management-Matrix« zusammen durch: Handelsfrequenz? Ja, unter Umständen. Allerdings sind Ihnen hier durch Ihren Trading-Stil natürliche Grenzen gesetzt. Sind Sie Positions-Trader, dann können Sie nicht auf einmal mehrere Hundert Trades im Jahr ausführen. Aber eine Steigerung um vielleicht zehn Prozent ist möglich. Dazu müssten Sie sich vielleicht auf neue Märkte oder Titel verlegen, die Sie in Ihre Analysen zusätzlich mit einbeziehen.

Wie sieht es mit der Trefferquote aus? Inwieweit lässt sich an dieser noch etwas drehen? Durch Ihr hohes realisiertes Chance-Risiko-Verhältnis wird Ihre Trefferquote zwangsläufig einen gewissen Bereich nicht überschreiten. Vielleicht können Sie durch genaueste Analyse noch ein paar Prozentpunkte herausholen, aber große Steigerungen werden sich mit großer Wahrscheinlichkeit nicht mehr realisieren lassen.

Die Trefferquote und die Handelsfrequenz finden irgendwann ihre natürlichen Grenzen. Gerade die Handelsfrequenz lässt sich nicht unendlich sinnvoll steigern, denn ab dem Punkt, wo Sie jeden Trade eingehen, der Ihnen unter die Tasten kommt, wird sich das unmittelbar auf Ihre Trefferquote auswirken. Ihre Trefferquote wird dann wieder absinken. Ihre Handelsfrequenz wird letztlich über die konkreten Gelegenheiten festgelegt, wovon in letzter Konsequenz auch Ihre Trefferquote abhängig ist.

| | |
|---|---|
| **Trading-Konto** | 10.000,00 € |
| **Risikobetrag prozentual** | 1,0 % |
| **Trefferquote** | 50 % |
| **Chance-Risiko-Verhältnis** | 2,5 |
| **Risikobetrag absolut** | 100,00 € |
| **Handelsfrequenz** | 100 |
| **erzielter Gewinn** | 7.500,00 € |

| | |
|---|---|
| Trading-Konto | 10.000,00 € |
| Risikobetrag prozentual | 2,5 % |
| Trefferquote | 55 % |
| Chance-Risiko-Verhältnis | 2,5 |
| Risikobetrag absolut | 250,00 € |
| Handelsfrequenz | 110 |
| erzielter Gewinn | 25.437,50 € |

***Abbildung 44 und 45: Ein hohes realisiertes Chance-Risiko-Verhältnis erlaubt ein höheres Risiko.***

Bleibt also noch das Risiko. Bei einer Trefferquote von 50 Prozent – so wie durchgängig angenommen – und einem realisierten Chance-Risiko-Verhältnis von 2,5 ist der Weg frei, um aggressiver zu handeln. In diesem Fall können Sie Ihr Risiko steigern, denn Sie erhalten regelmäßig ein Vielfaches davon zurück.

Letztlich ist die Erhöhung des Risikos auch der einzige Parameter, den Sie komplett und unabhängig frei bestimmen können. Behalten Sie hier unbedingt immer Augenmaß, denn jede Rallye hat ein Ende, jede Baisse aber glücklicherweise auch.

Wir können unsere Betrachtungen der »Money-Management-Matrix« beenden, allerdings nicht ohne abschließende Worte. Sie haben die »Money-Management-Matrix« als wertvolles Instrument kennengelernt, das Sie dabei unterstützt, Ihre Trading-Ergebnisse zu optimieren. Dabei haben Sie die einzelnen Komponenten und Stellschrauben kennengelernt, und wir haben gemeinsam mehrere Szenarien durchgespielt, wie Sie in unterschiedlichen Situationen mit den einzelnen Parametern Ihre Ergebnisse verbessern. Das ist aktives Money-Management auf höchstem Niveau. So haben Sie die Möglichkeit, Ihr Trading auf Ihre eigene Situation einzustellen und Ihr Handelskapital effektiv und gewinnbringend einzusetzen. Die »Money-Management-Matrix« ist dabei kein wissenschaftlicher Ansatz, sondern ein Impulsgeber für Ihre eigenen Überlegungen.

Die Idee der Matrix liegt darin, Ihnen Gestaltungsmöglichkeiten aufzuzeigen, um Ihre persönlichen Voraussetzungen in der Planung und Umsetzung Ihrer Trades zu berücksichtigen. Erstellen Sie sich deshalb unbedingt weitergehende Analysen und entwickeln Sie eigene Ideen, wie Ihre persönliche »Money-Management-Matrix« ausgestaltet sein muss, um für Sie zu funktionieren. Erste Ansätze haben Sie bereits kennengelernt. Jetzt sind Sie dran.

Zum Abschluss wollen wir schließlich in die Praxis gehen, wo unsere drei Trader bereits warten und uns ihre Überlegungen und Ergebnisse vorstellen wollen. In alter Tradition beginnt Klaus:

> *»Ich habe nicht gedacht, dass ich so viel Planung für mein Trading benötige. Bei genauer Betrachtung ergibt das aber durchaus Sinn für mich. Ich bin ja eher ein spontaner Typ. Da ist es wichtig, dass ich einen Plan habe, an den ich mich halten kann und muss. Das habe ich im Einzelnen ja bereits getan, aber insgesamt gesehen ist da noch Handlungsbedarf. Gerade wenn ich daran denke, meine Trades regelmäßig aufzuzeichnen. Bei mir als Day-Trader kommen ja schon ein paar Trades in der Woche und im Monat zusammen. In der Summe habe ich im vergangenen Jahr fast 1.000 Trades eröffnet und geschlossen. Ich habe mir dann doch die Zeit genommen und meine Trades aufgelistet und eine genaue Statistik erstellt. Insgesamt habe ich bereits eine Menge Erfahrung im Trading gesammelt. Hier ist meine Statistik:*

| | |
|---|---|
| **Trading-Konto** | 5.000,00 € |
| **Risikobetrag prozentual** | 1,0 % |
| **Trefferquote** | 44 % |
| **Chance-Risiko-Verhältnis** | 1,3 |
| **Risikobetrag absolut** | 50,00 € |
| **Handelsfrequenz** | 982 |
| **erzielter Gewinn** | 589,20 € |

***Abbildung 46: Die Trading-Statistik von Klaus nach einem Jahr und 982 ausgeführten Trades***

*Richtig weit bin ich ja noch nicht gekommen. Wobei mein Gefühl mich hier täuscht. Prozentual betrachtet habe ich mehr als elf Prozent Gewinn erwirtschaftet. Da kann ich schon auch stolz drauf sein. Jedoch habe ich mein Gesamtziel weit verfehlt. Ich hatte ja schon vermutet, dass ich mit meinem Risikobetrag nicht so weit komme, aber etwas mehr hatte ich mir schon versprochen. Allerdings, wenn ich mir die Ergebnisse so anschaue, kann ich mich tatsächlich noch ziemlich verbessern. Am Positionsrisiko allein liegt es also nicht.*

*Mir ist aufgefallen, dass ich mit dem realisierten Chance-Risiko-Verhältnis unter meinem geplanten liege. Ich hatte mir ein realisiertes Chance-Risiko-Verhältnis von 1,5 vorgenommen und nur 1,3 erzielt. Zugegeben, aus dem einen oder anderen Trade bin ich einfach mal so ausgestiegen, aber dass das solche Auswirkungen hat, hätte ich nicht gedacht!*

*An meiner Trefferquote muss ich auch noch arbeiten. Hier will ich an die 50 Prozent herankommen! Obwohl ich mit 44 Prozent bereits im Plus liege, muss ich mit dem niedrigen Chance-Risiko-Verhältnis einfach öfter treffen. Eines ist auf jeden Fall sicher: Mein geplantes Ergebnis von 500 Euro im Monat muss ich noch einmal überdenken oder die einzelnen Komponenten der »Money-Management-Matrix« erhöhen. Am besten beides.*

*Die gute Nachricht ist, dass ich jetzt mit einem um mehr als elf Prozent vergrößerten Konto starte, denn der Gewinn bleibt erst einmal auf meinem Handelskonto stehen. Ich werde in Zukunft meine Berechnungen für die Positionsgröße auch im Monatsrhythmus anpassen, damit ich die dann aktuelle Kontogröße korrekt einbeziehen kann. So kann ich hier noch einen zusätzlichen Hebel ansetzen.*

*Um mein Ziel zu erreichen, habe ich mir folgenden Plan ausgearbeitet. Begleitend dazu werde ich meine*

*Kenntnisse in der technischen Analyse weiter vertiefen. Dann passt das schon.*

| | |
|---|---|
| Trading-Konto | 5.589,20 € |
| Risikobetrag prozentual | 1,0 % |
| Trefferquote | 48 % |
| Chance-Risiko-Verhältnis | 1,3 |
| Risikobetrag absolut | 55,89 € |
| Handelsfrequenz | 1.000 |
| erzielter Gewinn | 5.812,77 € |

**Abbildung 47: Der neue Plan von Klaus gemäß seinen erzielten Komponenten der »Money-Management-Matrix«**

*Ich stelle mir das so vor, dass ich meine Erwartungen an das Chance-Risiko-Verhältnis anpasse. Ich bin einfach ungeduldig, und gerade im Forex-Handel kann es schon mal mächtig hin und her gehen. Deshalb gilt die 1,3 ab jetzt offiziell als Zielmarke für mich. Auch an der Handelsfrequenz von 1.000 Trades halte ich einfach mal fest, da das in der Vergangenheit auch ganz gut lief. Ich habe sieben Devisenpaare in der Beobachtung, das heißt also, dass ich mich auf rund 140 Trades pro Devisenpaar im Jahr einrichten kann. Das lässt sich realisieren.*

*Dadurch, dass ich mein geplantes Chance-Risiko-Verhältnis nach unten korrigiere, erhöhe ich die Wahrscheinlichkeit, dass ich meine Trefferquote erhöhe. Ich stelle mir vor, damit im ersten Schritt an die 48 Prozent heranzukommen. Mit meinen verbesserten Kenntnissen in der Charttechnik werde ich auch bessere Analysen erstellen. Wenn ich das so umsetzen kann, dann schaffe ich auch mein geplantes Ziel. Ich bin gespannt!«*

Klaus hatte ein sehr anspruchsvolles Ziel von 120 Prozent Gewinn eingeplant. Jetzt ist er bei etwas über 11 Prozent gelandet, was bereits sehr respektabel ist. Darüber hinaus wird auch bei Klaus deutlich, dass die Trefferquote nicht bei 50 Prozent liegen muss, um profitabel traden zu können. Auch sein realisiertes Chance-Risiko-Verhältnis in Höhe von 1,3 ist zwar unter seinem Zielwert, liegt aber in Kombination mit der Trefferquote im grünen Bereich. Dabei gilt es zu beachten, dass er sich mit dieser Kombination auf Messers Schneide bewegt. Fällt seine Trefferquote unter 44 Prozent, läuft Klaus Gefahr, in ein Gesamtminus zu rutschen. Deshalb ist sein Ansatz, die Trefferquote zukünftig zu erhöhen, die richtige Maßnahme. Auch seine Idee, das geplante Chance-Risiko-Verhältnis auf 1,3 zu senken, macht für ihn Sinn. Gerade, wenn er aggressiv handelt und eher ungeduldig ist, wird er kaum mehr erreichen können. Dann lieber geplant und mit Berechnung! Gleichzeitig kann er so die Wahrscheinlichkeit seiner Gewinner erhöhen. Wir sehen in der Berechnung bereits, dass Klaus auf diese Weise nahe an sein Ziel kommt. Im positiven Fall wird er sogar darüber kommen, da er seine Positionsgrößen-Berechnungen monatlich an die aktuelle Kontogröße anpasst.

Als Fazit können wir festhalten, dass bereits eine kleine Änderung in der Trefferquote, nämlich von 44 Prozent auf 48 Prozent, eine immense Wirkung auf die Gesamtergebnisse nach sich zieht. Achten Sie aus diesem Grund immer auf die Qualität Ihrer zu eröffnenden Positionen! Des Weiteren ist es beachtlich, wie auch eine kleine Position mit einem kleinen Risiko über die Handelsfrequenz ein großes Ergebnis erzielen kann.

Bevor wir weiter zu Martina gehen, noch ein Wort zu dem Gesamtergebnis von Klaus. Obwohl er mit elf Prozent Gesamtgewinn bereits ausgezeichnet abgeschnitten hat, ist er mit dem absoluten erreichten Ergebnis unzufrieden. Das ist auf der einen Seite verständlich, denn nach all der Arbeit hätte er sich da schon mehr versprochen. Auf der anderen Seite stößt ein Handelskonto wie das von Klaus eben schnell an seine Grenzen. Das soll nicht heißen, dass ein professionelles Trading unter diesen Umständen nicht funktioniert. Ganz im Gegenteil, das tut es sehr wohl. Das heißt nur, dass die absoluten erzielten Ergebnisse auch immer ins Verhältnis mit der Ausgangsbasis gestellt werden müssen. Stellen Sie sich vor, Klaus hätte statt eines Kontos mit 5.000 Euro Kapitaleinlage ein Konto mit 500.000 Euro Kapitaleinlage eröffnet. Bei gleichem prozentualem Gewinn in Höhe von rund elf Prozent sähe das absolute Ergebnis deutlich anders aus. Lassen Sie sich aus diesem Grunde nicht von gefühlt kleinen Ergebnissen in die Irre führen. Es sind immer die prozentualen Ergebnisse, die für die Analyse zählen. Behalten Sie auch hier immer Augenmaß!

Wie sind die Erfahrungen bei Martina? Welche Ergebnisse kann sie uns vorweisen?

> *»Da der SAP-Trade bei mir ja schon gut elf Monate benötigte, konnte ich natürlich nicht so viele Trades durchführen wie Klaus. Allerdings waren die anderen Trades schon schneller am Ziel oder am Stop-Loss, so dass ich auch einiges bewegt habe. Ich hatte mir ein Gesamtrisiko in Höhe von 2.500 Euro als Grenze gesetzt. Für mich bedeutet das nicht nur, mit einer Reihe von Verlusten professionell umgehen zu können, sondern auch mehrere Trades parallel durchzuführen. Genau genommen kann ich mein Gesamtrisiko mit einem Mal in den Markt legen, indem ich zehn Positionen mit jeweils einem Prozent Risiko halte. Allerdings bin ich dann, wenn alle zehn Positionen im Verlust enden, mit meinem Latein bereits am Ende. Ich habe mich deshalb für einen Mittelweg entschieden und mir ein Maximum von fünf Einzeltiteln gesetzt, die ich gleichzeitig im Depot halte. Damit habe ich noch Spielraum für den Fall, dass alle fünf im Verlust enden. Das einzugehende Risiko pro Trade habe ich immer zwischen 1 Prozent und 1,5 Prozent variiert, so wie es passte. Ich bin auch nicht immer auf mein angepeiltes Chance-Risiko-Verhältnis von 2,5 gekommen. Das liegt im Wesentlichen daran, dass ich die Wahrscheinlichkeit, dieses zu erreichen, bei einigen Positionen nicht gesehen habe. Stattdessen waren viele Trades dabei, bei denen mir ein Erreichen von 1,5 und 2,0 als sehr wahrscheinlich erschien. So liege ich im Ein-*

*zeltrade irgendwo zwischen dem 1,5- und 2,5-fachen Chance-Risiko-Verhältnis. In der Summe ergibt das für mich erfreuliche 1,8 an realisiertem Chance-Risiko-Verhältnis. Mein Einzelrisiko lag wie gesagt zwischen 1 Prozent und 1,5 Prozent meines Handelskontos. In der Summe habe ich ein durchschnittliches Einzelrisiko bei 1,24 Prozent. Insgesamt blicke ich auf 26 Trades zurück, die ich im vergangenen Jahr eröffnet und wieder geschlossen habe. Meine Trefferquote war sehr gut. Ich hatte 58 Prozent Gewinner im Depot. Mein Gesamtergebnis ist über meiner Zielgröße, was mich in meinem Handeln bestätigt.*

| | |
|---|---|
| Trading-Konto | 25.000,00 € |
| Risikobetrag prozentual | 1,24 % |
| Trefferquote | 58 % |
| Chance-Risiko-Verhältnis | 1,8 |
| Risikobetrag absolut | 310,00 € |
| Handelsfrequenz | 26 |
| erzielter Gewinn | 5.029,44 € |

| | |
|---|---|
| Trading-Konto | 30.029,44 € |
| Risikobetrag prozentual | 1,30 % |
| Trefferquote | 60 % |
| Chance-Risiko-Verhältnis | 2,0 |
| Risikobetrag absolut | 390,38 € |
| Handelsfrequenz | 30 |
| erzielter Gewinn | 9.369,19 € |

***Abbildung 48 und 49: Martinas Ergebnis nach 26 Trades innerhalb eines Jahres und ihre darauf aufbauende Optimierung***

*So richtigen Optimierungsbedarf sehe ich derzeit gar nicht, also schaue ich mir die »Money-Management-Matrix« hinsichtlich grundsätzlicher Wachstumsmöglichkeiten an. Ich denke, ich werde alle Parameter so beibehalten, allerdings werde ich schauen, dass ich ein paar mehr Trades durchführen kann, und ich werde auch mein durchschnittliches Positionsrisiko ein Stück erhöhen. Das heißt für mich, dass ich öfter 1,5 Prozent meines Handelskontos als Positionsrisiko eingehe. Außerdem nehme ich mir vor, dass ich meine Gewinnziele wieder etwas anhebe, sodass ich auf ein realisiertes Chance-Risiko-Verhältnis von insgesamt 2,0 komme. Bei der Trefferquote bin ich ehrgeizig und werde all mein Können darauf verwenden, 60 Prozent meiner Trades in den Gewinn zu führen. Diese Maßnahmen zusammen mit meinem angewachsenen Handelskonto bringen mich dann deutlich weiter. Eine Anpassung der Berechnungsbasis kann ich im Übrigen nach jedem Trade durchführen, sodass ich dadurch noch ein paar Prozentpunkte mehr gewinnen kann.«*

Martina hat mit ihrer Herangehensweise eine Punktlandung hinbekommen. Sie ist dort mit mehr Risiko in den Markt gegangen, wo sie Möglichkeiten sah, und hat sich defensiv gezeigt, wo die Möglichkeiten nicht so offensichtlich waren. Im Ergebnis hat sie ihr Ziel erreicht und gute 20 Prozent Gewinn erwirtschaftet. Und das mit Augenmaß im Einzel- und Gesamtrisiko. Natürlich muss der Markt mitspielen, tut er es nicht, sinkt die Trefferquote schnell in den mittleren Bereich zurück. Dennoch, wenn es läuft, dann läuft es, und Martina hat sich exakt darauf eingestellt. Auch die Anpassung ihres gewünschten Chance-Risiko-Verhältnisses an die Marktgegebenheiten hat sicher ihren Teil zum Gelingen beigetragen.

Für Sie bedeutet das erneut, ebenfalls immer Augenmaß zu bewahren und abzuwägen, zwischen dem, was Sie sich wünschen, und dem, was möglich ist. Das muss an dieser Stelle einfach noch einmal betont werden!

Wie immer an dieser Stelle fragen wir Peter, wie es ihm mit seinem Hebelzertifikate-Trading ergangen ist, und welche Ergebnisse er erzielt hat.

> *»Bei mir lief es gemischt. Einen Trade hatte ich Ihnen ja bereits vorgestellt, und tatsächlich hatte ich im Anschluss noch eine ganze Serie an Gewinnern, was mein Selbstvertrauen stärkte. Ich dachte schon, ich hätte mein Gesamtziel erreicht, leider startete ab diesem Moment eine Verlustserie. Das zeigt sich auch in der Trefferquote von 39 Prozent. Das ist natürlich ärgerlich, aber unterm Strich bin ich ja doch im Gewinn gelandet. Ich hatte in dem einen Jahr ein ganz schönes Auf und Ab auf meinem Konto, und ich war so manches Mal am Zweifeln. Wenn Sie immer wieder Verluste einfahren, dann macht das einfach keinen Spaß mehr. Aber zu guter Letzt habe ich doch noch die Kurve gekriegt. Mein realisiertes Chance-Risiko-Verhältnis von 1,67 hat mir geholfen, diese Zitterpartie zu überstehen. Obwohl ich mir fest vorgenommen hatte, meine Trades nicht zu stören, konnte ich mich nicht zurückhalten und habe so manchen Trade mittendrin beendet. Entweder, weil ich den Gewinn festhalten oder den Verlust vermeiden wollte. Das erklärt auch, warum ich mein Ziel eines realisierten Chance-Risiko-Verhältnisses von 2,0 verfehlt habe. Dennoch. Ich bleibe dabei, denn mit meinem überschaubaren Risiko habe ich mich auch nach einer Reihe von Verlusten immer wieder für einen neuen Trade begeistern können. Und ich glaube, das ist es, was zählt: Dabei bleiben und weitermachen! Insgesamt habe ich 87 Trades durchgeführt und konnte am Ende auf ein Plus von etwas mehr als 400 Euro zurückblicken. Ab jetzt kann es nur noch bergauf gehen!*

| | |
|---|---|
| **Trading-Konto** | 15.000,00 € |
| **Risikobetrag prozentual** | 0,75 % |
| **Trefferquote** | 39 % |
| **Chance-Risiko-Verhältnis** | 1,67 |
| **Risikobetrag absolut** | 112,50 € |
| **Handelsfrequenz** | 87 |
| **erzielter Gewinn** | 404,22 € |

| | |
|---|---|
| **Trading-Konto** | 15.404,22 € |
| **Risikobetrag prozentual** | 0,75 % |
| **Trefferquote** | 45 % |
| **Chance-Risiko-Verhältnis** | 2,00 |
| **Risikobetrag absolut** | 115,53 € |
| **Handelsfrequenz** | 60 |
| **erzielter Gewinn** | 2.426,16 € |

***Abbildung 50 und 51: Peters Ergebnisse nach einem Jahr voller Höhen und Tiefen. Obwohl er eine Trefferquote von nur 39 Prozent erzielt hat, konnte er das Handelsjahr dank seines realisierten Chance-Risiko-Verhältnisses von 1,67 positiv abschließen. Für die Optimierung hat Peter besonderen Wert auf das Chance-Risiko-Verhältnis und die Trefferquote gelegt.***

*Für das kommende Jahr habe ich meine »Money-Management-Matrix« so eingestellt, dass ich natürlich unverändert bei meinem einzugehenden Risiko bleibe. Das hat mir innerlich auf jeden Fall geholfen! Ich will stark an meiner Trefferquote arbeiten. Von 39 Prozent auf 45 Prozent zu kommen, ist zwar eine richtig große Steigerung, aber ich werde mich noch intensiver mit den Analysemethoden beschäftigen, und vor allem mehr auf die Qualität meiner einzugehenden Trades achten. Das spiegelt sich dann auch in der reduzierten*

*Handelsfrequenz wider. Ich lasse lieber einen Trade aus, von dem ich nicht so überzeugt bin, und konzentriere mich voll auf die vielversprechenden Trades mit einer hohen Gewinnwahrscheinlichkeit. So stelle ich mir vor, ein Chance-Risiko-Verhältnis von 2,0 zu erreichen, so wie ich es mir ja auch vorgenommen hatte. Das setzt natürlich voraus, dass ich mich während des Trades zurückhalte und den Trade in Ruhe lasse. Dann wird das schon. So komme ich doch noch zu meinem angestrebten Ziel!«*

Peter hat direkt zwei der wichtigsten Regeln im aktiven Trading gelernt. Keine Gewinnserie hält ewig an, und nur wer weitermacht, kann letztlich auch weiterkommen. Genau aus diesem Grund ist es wichtig, sein Positionsrisiko gemäß seinen eigenen Voraussetzungen festzulegen. Da helfen keine starren Zahlen, sondern hier kommt es auf Sie selbst an. Nehmen Sie den Betrag, bei dem Sie bereit sind, auch während und nach einer Verlustserie weiterzumachen. Das ist die einzige Möglichkeit, aus der Verlustserie wieder herauszukommen. Weitermachen. Mit Augenmaß und Strategie, aber weitermachen. Bleiben Sie am Ball, suchen Sie Ihre Chancen und dann eröffnen Sie die neue Position wie geplant. Des Weiteren sprach Peter genau den Punkt an, den wir ebenfalls schon besprochen hatten. Er hat seine Trades gestört, und es ist gut, wenn er sich jetzt vornimmt, genau dieses nicht mehr zu tun. Interessant bei Peters Ergebnissen ist, dass er trotz einer relativ geringen Trefferquote ein positives Ergebnis erzielt, was wiederum auf sein realisiertes Chance-Risiko-Verhältnis zurückzuführen ist. Wenn er also sagt, genau dieses will er auch in Zukunft steigern, dann ist das der richtige Impuls. Das Dilemma zwischen hoher Trefferquote bei gleichzeitig erhöhtem Chance-Risiko-Verhältnis löst Peter dadurch, dass er die Qualität seiner Trades verbessern will. Dementsprechend will er weniger handeln. Ob das so gelingt, bleibt natürlich abzuwarten. Dennoch ist es immer eine gute Idee, in der Auswahl der Positionen wählerisch und kritisch zu sein.

Das Wichtigste in Kürze zusammengefasst:

> Trefferquote und Handelsfrequenz sind wichtige Elemente eines professionellen Money-Managements und vervollständigen die Betrachtung des Risiko-Managements.

> Trefferquote und Handelsfrequenz für sich allein genommen haben keine relevante Aussagekraft. Erst in Kombination mit anderen Elementen können sie sinnvoll analysiert werden.

> Risiko, Chance-Risiko-Verhältnis, Trefferquote und Handelsfrequenz können zu der »Money-Management-Matrix« kombiniert werden.

> Die »Money-Management-Matrix« zeigt an, dass die vier Elemente in direkter und indirekter Abhängigkeit zueinander stehen.

> Schwächen in der einen Variablen können durch Stärken in der anderen ausgeglichen werden.

> Je höher das realisierte Chance-Risiko-Verhältnis ist, desto niedriger wird die Trefferquote sein und umgekehrt.

> Eine hohe Handelsfrequenz kann ein geringes realisiertes Chance-Risiko-Verhältnis ausgleichen.

> Mit einer hohen Trefferquote lässt sich das Risiko erhöhen, solange das realisierte Chance-Risiko-Verhältnis größer als 1 ist.

> Ein realisiertes Chance-Risiko-Verhältnis von 1,5 ist eine gute Ausgangsbasis und sichert den Gesamtgewinn, selbst wenn die Trefferquote unter 50 Prozent liegt.

simplified

# Kapitel 6: Risiko- und Money-Management 2.0

Wir haben uns bis hierhin intensiv mit allen relevanten Aspekten des Risiko- und Money-Managements beschäftigt. Sie sind mittlerweile ein Profi in Sachen Risiko- und Money-Management und der Masse im Markt um Längen voraus. Dennoch gibt es noch etwas Luft nach oben. Obwohl die bislang gezeigten Punkte vollkommen ausreichen, um im Trading langfristig profitabel zu arbeiten, heißt das nicht, dass Sie es nicht noch etwas besser machen könnten.

An dieser Stelle wollen wir das Money-Management um das »Trade-Management« erweitern und verschiedene Möglichkeiten diskutieren, wie Sie Ihre Ergebnisse bei unverändertem Risiko pro Position verbessern können.

Dabei werden wir uns mit dem Thema nachgezogener Stop-Loss, der Variation von Einstiegen und Ausstiegen und einem schrittweisen Ein- und Ausstieg aus Positionen beschäftigen. Neben der Optimierung der »Money-Management-Matrix« sollen Sie diese Strategien weiter dabei unterstützen, die bestmöglichen Ergebnisse mit Ihren Trades zu erzielen.

Aber auch Trader, die sich nicht nur mit einer Zeitebene begnügen wollen, finden in diesem Kapitel Ideen, um mehrere Zeitebenen sinnvoll miteinander zu verknüpfen.

## Begrenzen oder laufen lassen? Welche Auswirkungen ein nachgezogener Stop-Loss auf Ihr Risiko- und Money-Management hat

Im Zuge der Diskussion um die Verlustbegrenzung im Risiko-Management hatten wir uns bereits mit dem Stop-Loss beschäftigt. Mit dem Stop-Loss hatten wir den Punkt markiert, an dem die Wahrscheinlichkeit nicht mehr gegeben ist, dass Ihre Strategie aufgeht. Ab diesem Punkt macht es keinen Sinn mehr, in der Position zu bleiben und auf einen positiven Ausgang zu spekulieren. Der Stop-Loss begrenzt an diesem Punkt automatisch Ihre Verluste, indem diese direkt realisiert werden.

Wir hatten in unseren Betrachtungen immer angenommen, dass der Stop-Loss in den Markt gelegt wird und dort unverändert verharrt, bis er entweder ausgelöst oder aufgelöst wird, weil der Trade das Gewinnziel erreicht hat. »Entweder/oder« war die Prämisse. Das wollen wir jetzt ändern. Haben wir den Stop-Loss bislang ausschließlich unter Risiko-Management-Aspekten betrachtet, erweitern wir den Blick jetzt auf das professionelle Trade-Management. Ein wichtiger Bestandteil des professionellen Trade-Managements ist für Anleger regelmäßig, eine Entscheidung zu treffen, ob und inwieweit der Stop-Loss während eines Trades verschoben wird.

Lassen Sie uns an diesem Punkt bereits Klarheit über den Sinn und Zweck eines verschobenen Stop-Loss schaffen. Natürlich verschieben Sie den Stop-Loss ausschließlich, um aufgelaufene Gewinne abzusichern. Sie verschieben den Stop-Loss nicht, um mögliche Verluste zu vergrößern. Es kann also nur eine Richtung geben, in die der Stop-Loss verschoben beziehungsweise nachgezogen wird: in Richtung Gewinn. Auf diese Weise wird aus dem anfänglichen festen Stop-Loss der nachgezogene »Trailing-Stop«.

Sie können sich leicht vorstellen, dass es unzählige Ansätze gibt, einen Trailing-Stop zu verwenden. Die Ansätze sind dabei so zahlreich, wie es Trader in den Märkten gibt.

Wir wollen uns an dieser Stelle allgemein mit dem Trailing-Stop beschäftigen. Inwieweit macht es überhaupt Sinn, den Stop-Loss nachzuziehen? Bereits an diesem Punkt gehen die Meinungen unter den Tradern auseinander. Während die einen bereits nach den ersten Punkten mit dem Nachziehen beginnen, lassen die anderen den Stop-Loss so lange unverändert, bis sie kurz vor dem Ziel stehen. Die nächsten wiederum machen nichts von alledem. Sie lassen ihren Stop-Loss unverändert, bis der Trade entweder im Gewinn oder im Verlust schließt. Wenn sie alle drei befragen, wird jeder für sich reklamieren, recht zu haben.

Allein daran können Sie erkennen, dass der Trailing-Stop weniger ein rein mathematisches Thema ist, sondern eher ein emotionales. Hier geht es auch um den Umgang mit Verlusten sowie um die Verantwortung für eigene Entscheidungen. Das zeigt sich oftmals daran, dass Trader den Trailing-Stop so eng an den aktuellen Kurs heranziehen, dass sie im nächsten Moment bereits aus der Position geworfen werden. Im Anschluss lässt sich dann natürlich leicht sagen: »Ich wollte den Trade ja laufen lassen, der Kurs ist aber in meinen Trailing-Stop gelaufen, und so musste ich die Position auflösen.« Auf diese Weise wird die Entscheidung über das weitere Vorgehen bequem an den Markt ausgelagert. In der Konsequenz bedeutet das, dass sich Trader so vor der eigenen Verantwortung für den Trade und gleichzeitig vor konsequenten Entscheidungen drücken. Dass dieses Vorgehen nicht zu einem professionellen Trading und einer konkreten Erfolgsplanung gehört, liegt auf der Hand. Dementsprechend sei Ihnen an dieser Stelle bereits empfohlen, einen Trailing-Stop mit Augenmaß zu verwenden. Gewinnsicherung und Verlustbegrenzung: Ja! Auslagern von Entscheidungen: Nein.

Lassen Sie uns in diesem Sinne zwei konkrete Techniken betrachten, wie Sie den Trailing-Stop verwenden können.

Bei der ersten Methode dreht sich wiederum alles um Charttechnik. So wie wir bereits bei der Planung eines Trades die Charttechnik verwenden, um unseren Stop-Loss zur Verlustbegrenzung zu definieren, so suchen wir im Chart für den Trailing-Stop ebenfalls entsprechende Stellen, die die gleichen Kriterien erfüllen. Auch hier müssen wir uns die Frage stellen, an welchem Punkt im Chartverlauf die Wahrscheinlichkeit nicht mehr gegeben ist, dass der Trade im Gewinn schließt.

Diese Punkte sind regelmäßig die entsprechenden Tiefpunkte einer Aufwärtsbewegung und die entsprechenden Hochpunkte einer Abwärtsbewegung.

Verdeutlichen wir das anhand eines Chartbildes:

***Abbildung 52: EUR/USD in der Wochenchart-Darstellung (eine Kerze = eine Woche). Nach einem Ausverkauf findet das Währungspaar einen Boden im Bereich zwischen 1,1820 US-Dollar und 1,1640 US-Dollar. Von dort beginnt eine Aufwärtsbewegung. Nach der Positionseröffnung steigt der Kurs dynamisch an, ein temporärer Rückfall auf das Ausbruchsniveau mit anschließender Konsolidierung erzeugt eine Unterstützungslinie, unter die der Trailing-Stop gesetzt werden kann. Der Trailing-Stop wird im Laufe des Trades ein weiteres Mal nachgezogen. Mit Zielerreichung wird der Trade geschlossen.***

Quelle: www.tradesignalonline.com

Wir sehen im Chartbild das Währungspaar EUR/USD in der Wochenchart-Darstellung. Nach einem Abverkauf des Währungspaares von 1,3670 US-Dollar im Januar 2005 auf 1,1640 US-Dollar im November 2005 bildete das Währungspaar einen Boden, der mit

Ausbruch aus dem Abwärtstrend ein erstes Achtungssignal erzeugte. Als nach dem Ausbruch kein nennenswerter Ausverkauf folgte, sondern stattdessen nochmals die Unterstützungszone im Bereich von 1,1825 US-Dollar getestet wurde, war offensichtlich, dass die Abwärtsbewegung erst einmal ein Ende gefunden hatte. Als Einstiegspunkt in einen Long-Trade wählen wir den Ausbruch über das letzte Hoch nach dem Ausbruch aus dem Abwärtstrend. Sobald der Kurs diesen Punkt überschreitet, wollen wir die Position eröffnen. Der Einstiegskurs beträgt an diesem Punkt 1,2325 US-Dollar. Den anfänglichen Stop-Loss zur Verlustbegrenzung legen wir unter das letzte Tief bei 1,1825 US-Dollar. Dieser Punkt ist im Chart mit 1 markiert. Unser anfängliches Risiko bei der Positionseröffnung beträgt 500 Pips. Was sich hier erst einmal sehr hoch anhört, relativiert sich mit Blick auf das betrachtete Zeitfenster schnell wieder. Bei dem Währungspaar EUR/USD sind im Wochenchart Bewegungen über 100 Pips oder mehr durchaus üblich. Unser Ziel können wir an dem letzten Hoch vor dem Abverkauf bei 1,3482 US-Dollar festmachen. Vom Einstieg bis zum Ziel haben wir ein Potenzial von 1.157 Pips, was ein hervorragendes geplantes Chance-Risiko-Verhältnis von 2,31 ergibt. Der Blick auf den Chart verrät allerdings auch, dass wir uns dieses erst einmal erarbeiten müssen, denn im Bereich um 1,2500 US-Dollar lauert ein Widerstand, der in der Vergangenheit einen Kursanstieg mehrmals verhinderte. An diesem Punkt können wir im Mindesten mit einer Konsolidierung der Aufwärtsbewegung rechnen. Auch ein kompletter Rückfall wäre möglich.

Nach der Positionseröffnung läuft der Kurs des Währungspaares dynamisch nach oben, und wir sind mit unserer Position sofort im Buchgewinn. Wie erwartet wird der dynamische Anstieg gebremst. Allerdings nicht direkt bei 1,2500 US-Dollar, sondern erst im Bereich von 1,3000 US-Dollar. In der Folge fällt der Kurs zurück auf den Bereich bei 1,2500 US-Dollar. Aus dem bisherigen Widerstand ist eine Unterstützung geworden, die den Rückfall stoppte.

Wir wollen die Gelegenheit nutzen und unseren Stop-Loss auf dieses Niveau nachziehen. Doch wohin genau? Der erste Impuls ist meistens, den Stop-Loss direkt unter das Verlaufstief nachzuziehen. Und genau das ist der Grund, warum der Trailing-Stop oftmals mit unbefriedigenden Ergebnissen einhergeht. Legen wir den Stop-Loss zu eng an den Kurs, erhöhen wir damit die Wahrscheinlichkeit, dass der Stop-Loss ausgelöst wird, wenn der Markt das vorherige Niveau nochmals testet.

Nehmen Sie deshalb immer etwas Abstand zwischen Ihrem Stop-Loss und dem letzten absoluten Kurs. Auch auf die Gefahr hin, dass Sie dann nur eine kleinere Position eingehen können, wird Ihnen dieses Vorgehen so manchen Verlusttrade ersparen. Einfach, weil der Markt noch Luft zum Atmen bekommt.

Wir legen unseren Trailing-Stop also nicht direkt unter das markierte Verlaufstief bei 1,2483 US-Dollar, sondern 25 Pips darunter, auf 1,2458 US-Dollar. Gerade im Wochenchart sind 25 Pips kaum spürbar. Im Tageschart sieht das natürlich anders aus. Dort können 25 Pips bereits die gesamte Handelsspanne eines Tages ausmachen. Dementsprechend ist der Abstand dort geringer zu wählen – 4 oder 5 Pips können da ausreichend sein. Wenn Sie die Wahrscheinlichkeit erhöhen wollen, nicht unglücklich ausgestoppt zu werden, dann nehmen Sie im Tageschart 10 Pips oder noch mehr.

Von dem Verlaufstief läuft der Kurs über mehrere Monate seitwärts und testet noch zweimal den Unterstützungsbereich. Beim ersten Test tritt im Übrigen exakt das eben beschriebene Szenario ein. Der Kurs testet das letzte Tief, fällt etwas darunter, nur um dann direkt kräftig anzusteigen und die Woche mit einer positiven Kerze zu beenden. Es wäre sehr ärgerlich, wenn wir an diesem Punkt aus dem Markt geworfen worden wären und die darauffolgende Aufwärtsbewegung verpasst hätten.

Mit dem nachgezogenen Trailing-Stop hat sich unsere Gesamtsituation geändert. Wir haben nun nicht mehr einen Verlustbegrenzungs-Stopp, sondern einen Gewinnsicherungs-Stopp. Unser neuer Stop-Loss liegt jetzt bereits um 133 Pips höher als unser Einstiegskurs. Eine sehr komfortable Situation!

Als der Kurs im November 2006 dann endlich die Konsolidierungszone verlässt, geht der Ausbruch fast bis an unser Gewinnziel heran. Der Kurs dreht kurz vorher noch einmal ab, wird aber bereits im Bereich bei 1,2850 US-Dollar aufgehalten, um von dort wieder anzusteigen. Für uns ergibt sich wiederum eine gute Gelegenheit, den Stop-Loss ein weiteres Mal nachzuziehen. Nicht auf 1,2850 US-Dollar, sondern auf 1,2825 US-Dollar. Wir wollen schließlich den Gewinn absichern, nicht uns mutwillig aus dem Markt befördern. Damit sind wir – komme, was wolle – bereits um 500 Pips im Gewinn. Unser realisiertes Chance-Risiko-Verhältnis liegt bereits jetzt schon bei 1. Gleichzeitig sehen wir auch, dass wir erst knapp die Hälfte unseres Gewinnziels erreicht haben. Etwas Geduld müssen wir also noch aufbringen.

Letztlich wird unsere Geduld einige Wochen später bereits belohnt, als das Währungspaar im April 2007 unser Kursziel erreicht.

Als Fazit können wir aus dieser Beschreibung ziehen, dass ein Trade immer Luft zum Atmen braucht. Ziehen Sie den Trailing-Stop deshalb nicht zu eng an den Kurs heran, denn sonst ist die Gefahr groß, dass Sie ausgestoppt werden. Und eigentlich wollen Sie gar nicht ausgestoppt werden. Tatsächlich wollen Sie das Gewinnziel erreichen. Der Stop-Loss soll Sie auf dem Weg dahin im ersten Schritt gegen überproportionale Verluste absichern und im zweiten Schritt Ihre aufgelaufenen Gewinne bewahren. Er soll Sie aber nicht einfach so aus dem Markt werfen! Machen Sie sich das immer wieder bewusst, wenn Sie Ihren Stop-Loss platzieren und nachziehen.

Eine weitere Möglichkeit, den Stop-Loss nachzuziehen, liegt darin, einen festen Prozentsatz oder eine feste Punktzahl zu verwenden. In vielen Handelsplattformen lässt sich das bereits automatisch einstellen. Ihr Stop-Loss wird dann automatisch immer weiter verschoben, bis der Trade entweder in den Gewinn läuft oder durch den Stop-Loss beendet wird. Natürlich hört sich das zuerst sehr komfortabel an. Ein Trade, der sich um sich selbst kümmert. Das ist ja fast schon zu schön, um wahr zu sein …

Es liegt nahe, dass dieses Vorgehen oftmals suboptimal ist. Die Erklärung liegt auf der Hand. Nehmen wir einmal an, wir hätten unseren Stop-Loss in unserem langfristigen EUR/USD-Trade alle 200 Punkte nachgezogen. Was wäre passiert?

Schauen wir uns auch das im Chartbild an:

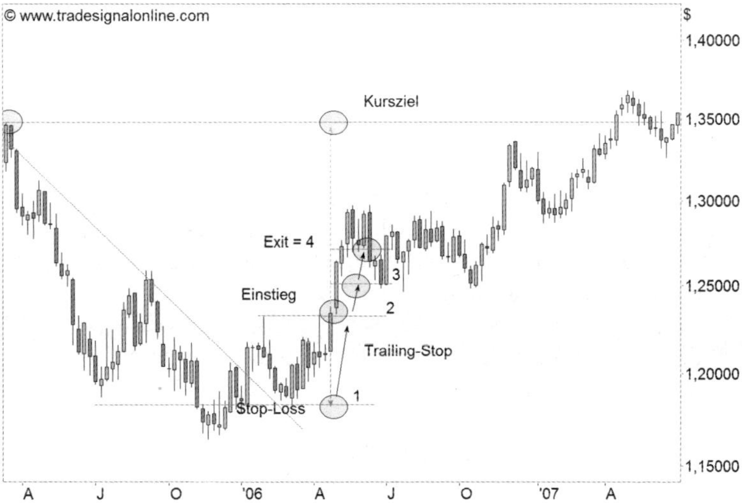


***Abbildung 53: EUR/USD in der Wochenchart-Darstellung (eine Kerze = eine Woche). Der Trailing-Stop wird nach der Positionseröffnung im Abstand von 200 Pips hinterhergezogen.***

Quelle: www.tradesignalonline.com

Wir haben den identischen Chart von oben vorliegen. Das Einzige, was wir verändern, ist der Trailing-Stop. In der Annahme, dass wir den Stop-Loss alle 200 Pips auf einen Abstand von 200 Pips nachziehen, verschieben wir den Stop-Loss zum ersten Mal nach der Eröffnung und den ersten Buchgewinnen von 200 Pips auf unseren Einstiegskurs. Damit haben wir zwar schnell einen großen Sprung gemacht, aber wir sind zumindest schon einmal abgesichert und können nicht mehr im Verlust abschließen.

Da wir nach unserem Einstieg eine hohe Dynamik haben, sind die nächsten 200 Pips Zugewinn schnell erreicht. Unser Buchgewinn beträgt jetzt 400 Pips, und wir verschieben den Trailing-Stop von Punkt 2 auf den Punkt 3. In absoluten Zahlen ausgedrückt, von 1,2325 US-Dollar auf 1,2525 US-Dollar. Damit haben wir bereits 200 Pips Gewinn abgesichert und lassen uns weiterhin Luft nach oben.

Bedingt durch die hohe Dynamik im Markt sind die nächsten 200 Pips wiederum schnell erreicht. Als der Kurs auf 1,2925 US-Dollar klettert, verschieben wir den Trailing-Stop um weitere 200 Pips auf 1,2725 US-Dollar – Punkt 4. Damit haben wir bereits 400 Pips Gewinn abgesichert.

Da jeder Trend irgendwann ein Ende hat, endet auch die dynamische Aufwärtsbewegung, die unseren Trade so schnell in den Gewinn getragen hat. Im Bereich von 1,3000 US-Dollar beginnt der Markt zu korrigieren und fällt wieder ab. Vom Hoch bei 1,2974 USD fällt der Kurs unter unseren Trailing-Stop bei 1,2725 US-Dollar, und wir beenden unseren Trade mit einem realisierten Gewinn in Höhe von 400 Pips.

Wie müssen wir das beurteilen? Gewinn ist Gewinn, und damit gut. Zumal er auch in verhältnismäßig schneller Zeit erwirtschaftet wurde. Das ist so auch korrekt. Dennoch hatten wir ein anderes Ziel vor Augen. Wir wollten ja nicht nur 400 Pips erzielen, sondern 1.157 Pips. Das ist fast das Dreifache! Allerdings müssen wir fairerweise auch zugeben, dass diese 1.157 Pips in deutlich längerer Zeit erarbeitet wurden, wie wir bereits gesehen haben.

Sie haben sicher bereits erkannt, dass es an diesem Punkt keine 100-prozentige Handlungsempfehlung geben kann. Wenn Sie auf der Jagd nach schnellen Gewinnen sind, dann sind Sie mit der zweiten Methode gut beraten. Die Kehrseite der Medaille ist, dass Sie regelmäßig in Zwischenkorrekturen ausgestoppt werden und die Rallye dann ohne Sie weitergeht. Genau an diesem Punkt unterscheiden sich die beiden Varianten.

Im Ergebnis können wir festhalten, dass ein enger Stop-Loss – ganz gleich aus welchem Grund – einen schnellen Ausstieg aus der Position förmlich erzwingt. Sie werden dadurch regelmäßiger Gewinne mitnehmen, die dafür aber auch immer geringer sind, als wenn Sie Ihre Stops etwas weiter setzen. Letztlich entscheidet auch die Marktverfassung über das Gelingen und die Sinnhaftigkeit eines Trailing-Stops. In einem starken Trend ist die Gefahr, unglücklich ausgestoppt zu werden, geringer als in einer Seitwärtsbewegung. Dementsprechend ist ein weiter Gewinnsicherungs-Stopp in einer

Seitwärtsbewegung sinnvoller und ein enger Stop-Loss in einem starken Trend.

Vielleicht kommt Ihnen bei unserer Diskussion unweigerlich die »Money-Management-Matrix« in den Sinn. Tatsächlich hat ein Trailing-Stop konkrete Auswirkungen auf unsere Erfolgsplanung gemäß der »Money-Management-Matrix«. Welche sind das?

Dadurch, dass wir den Stop-Loss nachziehen, verlassen wir die Entweder-oder-Entscheidung und greifen in den laufenden Trade ein. Zwar planen wir im Vorfeld eines Trades ein konkretes Chance-Risiko-Verhältnis, aber indem wir den Stop-Loss nachziehen, verringern wir die Chancen, dieses zu erzielen. Eine Gegenbewegung kann uns aus dem Markt werfen.

Das hat Konsequenzen. Wenn wir regelmäßig so vorgehen, wird sich in der Rückschau unser realisiertes Chance-Risiko-Verhältnis verringern. Wir kommen beispielsweise von 1,5 auf 1,3. Das allein muss noch nichts bedeuten, dennoch müssen wir uns diesen Umstand bewusst machen.

Das realisierte Chance-Risiko-Verhältnis sinkt, weil wir unsere Gewinne früher mitnehmen. Auch das hat eine Konsequenz. Unsere Gewinne werden zwar kleiner sein, aber immerhin vorhanden. Die Trefferquote wird folglich ansteigen. Von 50 Prozent auf 55 Prozent beispielsweise.

Wenn wir die Positionen schneller schließen, weil wir einfach früher ausgestoppt werden, dann haben wir die Möglichkeit, auch mehr Trades einzugehen. Allein deshalb, weil das vorher gebundene Kapital wieder für Trades zur Verfügung steht. Das hat wiederum Auswirkungen auf unsere Handelsfrequenz. Sie wird sich unter der Voraussetzung entsprechender Chancen erhöhen. Vielleicht von 100 Trades im Jahr auf 120 Trades.

Bleibt das Risiko. Was bedeutet es denn für unser einzugehendes Risiko, wenn die Trefferquote erhöht wird, die Handelsfrequenz ansteigt und das Chance-Risiko-Verhältnis verringert wird? Zunächst hatten wir bereits festgestellt, dass eine hohe Trefferquote auch ein höheres Risiko rechtfertigt. Grundsätzlich können wir dieses hier auch so umsetzen. Vielleicht von 1,0 Prozent auf 1,25 Prozent. Dadurch, dass wir den Stop-Loss dem Kurs hinterherziehen, verringern wir automatisch und schrittweise das Risiko und können deshalb auch einen höheren Einsatz rechtfertigen. Auf der anderen Seite wird durch die Anzahl der Trades natürlich das Gesamtrisiko ansteigen. Diesen Punkt müssen wir entsprechend berücksichtigen und unsere Ergebnisse unter ständiger Kontrolle halten.

Werfen wir einen Blick auf ein mögliches Szenario, das uns ein Trailing-Stop erlaubt:

| | |
|---|---|
| Trading-Konto | 10.000,00 € |
| Risikobetrag prozentual | 1,0 % |
| Trefferquote | 50 % |
| Chance-Risiko-Verhältnis | 1,5 |
| Risikobetrag absolut | 100,00 € |
| Handelsfrequenz | 100 |
| erzielter Gewinn | 2.500,00 € |

| | |
|---|---|
| Trading-Konto | 10.000,00 € |
| Risikobetrag prozentual | 1,25 % |
| Trefferquote | 55 % |
| Chance-Risiko-Verhältnis | 1,3 |
| Risikobetrag absolut | 125,00 € |
| Handelsfrequenz | 120 |
| erzielter Gewinn | 3.975,00 € |

***Abbildung 54 und 55: Gegenüberstellung der Ergebnisse in der »Money-Management-Matrix« ohne Trailing-Stop und mit Trailing-Stop. Durch das gezielte Management der Position lassen sich die Trading-Ergebnisse insgesamt verbessern.***

Wir sehen, dass bei bereits leichter Veränderung der einzelnen Komponenten der »Money-Management-Matrix« eine deutliche Ergebnisverbesserung eintreten kann. Der entscheidende Faktor ist hier das realisierte Chance-Risiko-Verhältnis. Je näher es sich der »1« nähert, desto größer muss die Trefferquote sein. Dementsprechend ist es wichtig, beide Elemente in einem gesunden Verhältnis zu lassen. Gewinnmitnahme ja, aber eben nicht um jeden Preis!

Damit können wir die Betrachtung des Trailing-Stops auch beenden und als Fazit festhalten, dass ein Trailing-Stop ein adäquates Mittel ist, um einen Trade professionell zu managen. Die Voraussetzung hierfür ist, dass aus dem Verlustbegrenzungs- und Gewinnsicherungs-Stopp kein »Trade-Beendigungs-Stopp« wird. Für welche der vorgestellten Varianten Sie sich entscheiden, ist eine Frage des persönlichen Stils und Geschmacks. Es ist auch vollkommen in Ordnung, wenn Sie überhaupt nicht in Ihre Trades eingreifen.

Schauen wir zum Abschluss des Themas noch zu unseren drei Tradern. Wie gehen diese mit der Thematik des Trailing-Stops um? Klaus, wie stehst du zu einem Trailing-Stop?

> *»Ich habe mich immer geärgert, wenn ich erst in den Gewinn gelaufen bin, nur um dann zuzusehen, wie er wieder verschwindet und ich im Ergebnis auch noch im Verlust ausgestoppt werde. Der Trailing-Stop stellt daher eine gute Möglichkeit für mich dar, meine Gewinne zumindest teilweise abzusichern. Für mich macht da tatsächlich die pauschale Methode Sinn. Ich werde den Stop-Loss in Zukunft immer 10 Pips hinter dem aktuellen Kurs hinterherziehen. Wenn ich dann an den Zielbereich herankomme, werde ich den Stop-Loss aggressiver an den Kurs legen. Ich denke da an 5 Pips. So stelle ich sicher, dass ich nicht mehr so viel von meinem bereits aufgelaufenen Gewinn wieder hergeben muss.«*

Die Einschätzung von Klaus ist nachvollziehbar. Je näher er an den Gewinn kommt, desto mehr ärgert er sich darüber, dass er die Gewinne wieder hergeben muss. Das ist verständlich, und es passt auch zu seiner aggressiven Selbsteinschätzung, den Stop-Loss im Zielbereich ganz eng an den Kurs zu führen. Auf der einen Seite wird er auf diese Weise nicht mehr viele Pips von seinem Gewinn hergeben müssen, auf der anderen Seite wird Klaus so auch oftmals eben nicht an seinem Ziel ankommen. Das hat entsprechende Auswirkungen auf sein realisiertes Chance-Risiko-Verhältnis. Gerade da Klaus sein geplantes Chance-Risiko-Verhältnis bereits relativ niedrig hält, läuft er schnell Gefahr, seine Gesamtergebnisse deutlich zu verschlechtern.

Wie plant Martina das Management ihrer Positionstrades?

> *»Bei meinem Zeithorizont macht ein Trailing-Stop definitiv Sinn. Gerade wenn ich bedenke, welchen politischen und wirtschaftlichen Einflüssen eine Aktie im Laufe der Monate ausgesetzt ist, muss ich meine aufgelaufenen Gewinne absichern. Allerdings ist der Trailing-Stop für mich immer noch ein Stopp, der besser nicht ausgelöst werden sollte. Ich will schließlich für meine Geduld auch belohnt werden. Gerade da ich nicht so viele Trades im Jahr umsetze, kann ich es mir nicht leisten, meine Positionen zu stören. Ich werde dementsprechend nach der charttechnischen Analyse vorgehen, um geeignete Punkte zu identifizieren, an denen ich den Trailing-Stop platzieren kann. Aber wie gesagt, für mich ist das ein reines Worst-case-Szenario.«*

Martina bleibt bei ihrer Strategie. Absicherung ja, aber eben nur für den Fall der Fälle. Ansonsten lässt sie den Trade ungehindert laufen.

Wo sieht Peter im Trading mit Hebelzertifikaten Ansätze für einen Trailing-Stop?

> *»Bei mir ist das mit den Verlusten ja so eine Sache. Gerade weil das letzte Jahr nicht so gut lief und ich mir für meine nächsten Trades doch ein ambitioniertes Chance-Risiko-Verhältnis eingeplant habe. Wenn ich*

*allerdings an meine Trefferquote denke, dann ist da sicher noch Raum für Verbesserungen. Gerade mit einem Trailing-Stop kann ich direkt auf die Trefferquote einwirken. Allerdings glaube ich nicht, dass ich dann noch ein Chance-Risiko-Verhältnis von 2,0 realisieren kann. Das würde ja bedeuten, dass der Kurs noch weiter läuft, als ich das ohnehin geplant habe. Dann könnte ich doch gleich ein noch höheres Ziel setzen?! Alles in allem denke ich, dass ich meinen Stop-Loss unverändert lasse. Auch deshalb, weil ich jedes Mal wieder den Wert des Hebelzertifikates für den neuen Stop-Loss-Kurs berechnen müsste. Das Einzige, was ich mir vorstellen kann, ist, den Stop-Loss auf meinen Einstiegspunkt zu verschieben, nachdem der Kurs in den Bereich meines einfachen Risikos gelaufen ist. Dann habe ich mein Risiko praktisch gleich gelassen, nur mit dem Unterschied, dass ich dann nicht mehr in den Verlust laufen kann.«*

Peters Überlegungen zeigen einen weiteren interessanten Punkt auf. Unter der Annahme, das Risiko unverändert zu lassen, macht es Sinn, den Stop-Loss in dem Moment auf den Einstiegskurs zu verschieben, in dem ein Chance-Risiko-Verhältnis von 1 erreicht ist. Das Risiko bleibt unverändert, nur dass dann der aufgelaufene Gewinn und nicht mehr das eigene Kapital im Risiko steht. Andererseits erhöht sich die Wahrscheinlichkeit eines Ausstoppens entsprechend, da der Stop-Loss wieder an den aktuellen Kurs angepasst wird.

Letztlich ist es immer eine Abwägungssache, ob und wohin der Stop-Loss dem Kurs hinterhergezogen wird. Ein weiterer Punkt, den Peter ansprach, ist das erneute Berechnen des Kurses. Natürlich macht er es sich einfach, wenn er als Trailing-Stop seinen Einstieg wählt, denn diesen Kurs kennt Peter bereits schon. Wenn er ganz genau beim Break-even-Punkt aussteigen will, muss er noch die bereits entstandenen und noch entstehenden Gebühren hinzurechnen.

Mit diesen Erkenntnissen wollen wir unsere drei Trader wieder verlassen, und wir werden unsere Betrachtungen für den Rest des Buches allein durchführen. In diesem Sinne, Dank an Martina, Klaus und Peter!

Jetzt, da wir eingehend den Trailing-Stop diskutiert haben, können wir die gewonnenen Erkenntnisse nutzen, um diesen Bereich nochmals zu verfeinern. Vielleicht gibt es ja noch Optimierungsmöglichkeiten durch einen schrittweisen Ein- und Ausstieg in einem und aus einem Trade.

## Einsteigen, Aufsteigen, Aussteigen: So können Sie Ihre Gewinne bei unverändertem Risiko erhöhen!

Durch die Nutzung eines Trailing-Stops lassen sich Ihre Trading-Ergebnisse bereits maßgeblich beeinflussen. Gerade im Hinblick auf die »Money-Management-Matrix« können sich daraus interessante Möglichkeiten für Sie ergeben. Wir können jetzt noch weiter gehen und analysieren, welche Auswirkungen ein schrittweiser Ein- und Ausstieg aus einer Position auf Ihr Trading-Ergebnis hat. Vorab müssen Sie jedoch wissen, dass wir uns an dieser Stelle mit Techniken und Strategien für fortgeschrittene Trader beschäftigen. Fortgeschritten in zweierlei Sinn. Zum einen sind diese Strategien schon etwas komplexer und benötigen intensivere Berechnungen als die zuvor genannten Ideen. Zum anderen sind diese Strategien erst ab einer gewissen Größe Ihres Handelskontos wirklich in vollem Umfang umsetzbar.

Fangen wir mit dem Einstieg in einen Trade an. Bislang sind wir in unserer Betrachtung immer in vollem Umfang mit einem Mal in den Markt gegangen. Damit ist jetzt Schluss! Wir wollen jetzt zwei Varianten eines schrittweisen Einstiegs in den Markt näher betrachten:

Eine Variante eines schrittweisen Einstiegs – eines »Scaling-in« – in den Markt besteht darin, einen Teil der geplanten Position bereits vor dem eigentlichen Einstiegssignal in den Markt zu geben. Mit dieser aggressiven Variante sind Sie bereits im Markt, wenn die gewünschte Bewegung tatsächlich einsetzt. Erst mit Erreichen

Ihres Einstiegssignals stocken Sie die Position auf den vollen Betrag auf.

Geht Ihre Strategie dagegen nicht auf, gehen Sie mit Ihrer Teilposition nur ein reduziertes Risiko ein, mit dem Sie im Verlustfall ausgestoppt werden. Der Vorteil dieser Methode liegt darin, dass Sie von Anfang an von einer Bewegung profitieren können, ohne Ihr Risiko überproportional zu erhöhen.

Die zweite Möglichkeit, Ihren Einstieg in mehreren Schritten vorzunehmen, ist gut geeignet, um einen Trend über den Zeitverlauf zu begleiten. Die Strategie liegt hier in einer schrittweisen Erhöhung der Position, nachdem diese bereits im Gewinn ist. Auf diese Weise können Sie sich die Chance auf überproportionale Gewinne sichern, ohne ein zusätzliches Risiko einzugehen. Wichtig: Bei dieser zweiten Vorgehensweise ist ein aktives Risiko- und Trade-Management unerlässlich!

Werfen wir einen Blick auf die erste Möglichkeit, indem wir schrittweise in einen Trade einsteigen:

Wir sehen den DAX in der Wochenchart-Darstellung. Der DAX ist infolge der bereits vorgestellten Schulter-Kopf-Schulter-Formation[17] bis auf den Punkt 1 bei 4.965 Punkten gefallen. Von dort nahm er eine erste Gegenbewegung auf, die an der ehemaligen Unterstützung an Punkt 2 bei 6.430 Punkten stoppte. Die darauf folgende weitere Abwärtsbewegung konnte kein neues Tief markieren, sondern kam bereits an Punkt 3 bei 5.366 Punkten zum Erliegen. Der DAX nahm von dort mit einer kräftigen langen grünen Kerze seinen anfänglichen Aufwärtsimpuls wieder auf.

Wir wollen in diese Aufwärtsbewegung einsteigen und markieren als Einstiegssignal den Ausbruch aus dem Punkt 2. Wird dieses letzte Hoch überschritten, beginnt ein neuer Aufwärtstrend, den wir handeln wollen. Den Stop-Loss platzieren wir unterhalb von Punkt 3 bei 5.341 Punkten. Diese klassische und durchaus erfolgversprechende Methode kennen Sie ja mittlerweile.

[17] Vgl. Abbildung 5.

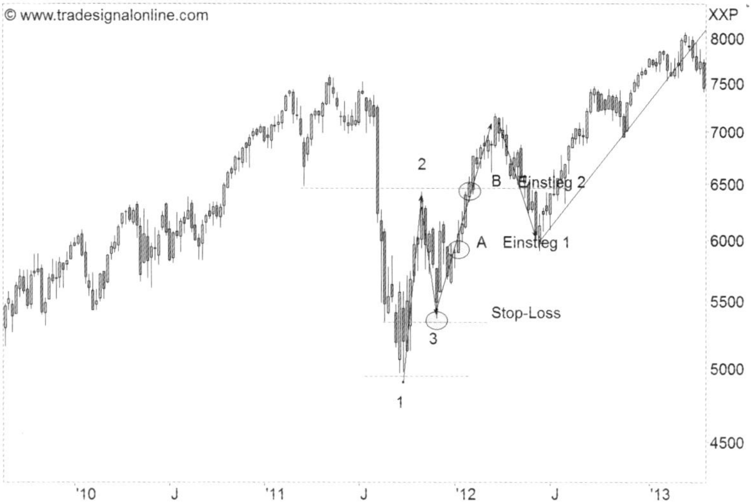


***Abbildung 56: Deutscher Aktienindex – DAX in der Wochenchart-Darstellung (eine Kerze = eine Woche). Der DAX fiel bis auf den Punkt 1, stieg von dort bis an den Punkt 2, um dann wieder bis zum Punkt 3 zurückzufallen. Mit Ausbruch durch den Punkt 2 wird der neue Trend etabliert. Ein vorheriger Einstieg vermittelt zusätzliche Gewinnchancen.***

Quelle: www.tradesignalonline.com

Wir können unsere Gewinnchancen erhöhen, indem wir nicht mit einem Mal in den Markt gehen, sondern indem wir die Position in mehrere Teilpositionen aufteilen. Dabei lassen wir den geplanten Einstiegspunkt sowie den anfänglichen Stop-Loss unverändert. Auch die Positionsgröße lassen wir insgesamt unverändert. Das sind die Rahmenbedingungen für unsere erste Variante.

Nehmen wir an dieser Stelle an, dass wir unsere Position in zwei Teilpositionen halbieren. Einen Teil wollen wir wie gewohnt bei Erreichen des Einstiegspunktes in den Markt geben. Mit dem anderen Teil wollen wir bereits eher in den Markt. Der Stop-Loss ist jeweils identisch, sodass das Trade-Management der Gesamtposition bei Erreichen der Einstiegsmarke in gewohnter Weise erfolgen kann.

Um unsere erste Teilposition zu eröffnen, müssen wir einen Punkt im Chart identifizieren, an dem die Wahrscheinlichkeit gegeben ist, dass der Kurs in die von uns gewünschte Richtung läuft. Hierfür müssen wir unsere bislang praktizierte Ausbruchsstrategie um eine zusätzliche Strategie erweitern. Ein guter Einstiegspunkt für unsere erste Teilposition liegt beispielsweise an Punkt A bei 5.965 Punkten.

An diesem Punkt nimmt der DAX seine Aufwärtsbewegung bereits wieder auf. Das können wir daran erkennen, dass der Kurs nach einer kurzen Korrektur bereits wieder dreht und mit einer langen grünen Kerze die Aufwärtsbewegung fortsetzt. In der Folge entsteht mit der grünen Kerze ein höheres Tief, das uns in unserer positiven Einschätzung bestätigt.

Eine Fortsetzung der Aufwärtsbewegung und ein Durchbrechen des Hochs bei Punkt 2 erscheint damit als sehr wahrscheinlich. Das gibt uns wiederum die Berechtigung, unsere Teilposition an Punkt A zu eröffnen. Wenn der Markt jetzt seine Aufwärtsbewegung weiter fortsetzt, dann sind wir bereits mit 465 Punkten im Gewinn, wenn an unserem Einstiegspunkt B bei 6.430 Punkten die zweite Teilposition eröffnet wird. Ab diesem Moment ist die Position komplett, und das Management läuft wie gewohnt.

Im Ergebnis haben wir aufgrund der ersten Teilposition bereits einen Vorsprung von 465 Punkten im Vergleich zu einem kompletten Einstieg! Und das Beste daran ist, dass unser absolutes Risiko unverändert ist.

Allerdings – und das müssen wir auch berücksichtigen – gehen wir mit dem direkten Einstieg in den Markt auch ein zusätzliches Risiko ein, das wir aufgrund unserer ursprünglichen Planung nicht eingegangen wären. Tatsächlich sind wir im Markt, bevor das eigentliche Einstiegssignal erreicht wird. Fällt der Markt jetzt zurück, müssen wir unsere Teilposition im Verlust schließen. Dadurch, dass wir schneller im Markt sind, gehen wir auf diese Weise unter Umständen auch Trades ein, die wir mit unserer ursprünglichen Strategie nicht umgesetzt hätten.

Sie wissen es bereits: Das hat natürlich Auswirkungen auf unsere Trefferquote. Sie wird sich zwangsläufig verschlechtern. Denn geht unsere Strategie auf, eröffnen wir die zweite Teilposition wie geplant. Das macht also keinen Unterschied. Wir sind so oder so im Markt. Geht die Strategie jedoch nicht auf, verbuchen wir einen Verlierer in unserer Statistik, den wir sonst nicht hätten.

Auch das aufsummierte Risiko wird sich durch dieses Vorgehen erhöhen. Im Verlustfall fällt zwar nur die Hälfte unseres geplanten Risikos an, durch die geringere Trefferquote werden Verluste aber öfter auftreten als ohne Stückelung.

Die gute Nachricht ist, dass wir auf diese Weise unser realisiertes Chance-Risiko-Verhältnis erhöhen. Denn wenn unsere Trading-Idee aufgeht und wir unser Gewinnziel erreichen, dann erhöhen wir unseren absoluten Gewinn, wie wir bereits gesehen haben.

Auch die Handelsfrequenz wird zunehmen, da wir mit einer Teilposition schneller in den Markt einsteigen als mit der Gesamtposition. Damit sind wir nicht nur schneller, sondern auch öfter im Markt.

Im Ergebnis können wir zu dieser Variante festhalten, dass Sie durch die Nutzung zweier Teilpositionen Ihr realisiertes Chance-Risiko-Verhältnis teilweise deutlich erhöhen können. Die niedrigere Trefferquote und die gesteigerte Handelsfrequenz werden dadurch abgemildert, dass im Verlustfall oftmals eben nur das halbe Risiko als Verlust realisiert wird. Was Sie hier zusätzlich noch beachten müssen, sind die anfallenden Transaktionskosten pro Teilposition. Je nachdem, welches Produkt und mit welchem Trading-Stil Sie handeln, können diese schnell die zusätzlichen Gewinne erheblich schmälern.

Wir hatten noch eine zweite Möglichkeit angesprochen, mit der Sie Ihre Gewinne bei unverändertem Positionsrisiko erhöhen können. Gerade eben hatten wir festgestellt, dass Sie zwar Ihre Gewinne erhöhen können, wenn Sie eher in den Markt einsteigen, dafür aber in Kauf nehmen müssen, dass Ihre Trefferquote absinkt. Vielleicht können wir das ja auch anders gestalten.

Wir könnten beispielsweise unsere Position schrittweise erhöhen und damit sozusagen eine Pyramide aufbauen. Der Einstieg in den

Markt erfolgt hier wie gewohnt mit voller Positionsgröße, und wir stocken bei jeder neuen Gelegenheit unsere Position weiter auf. Schauen wir uns das ebenfalls im Chart an.

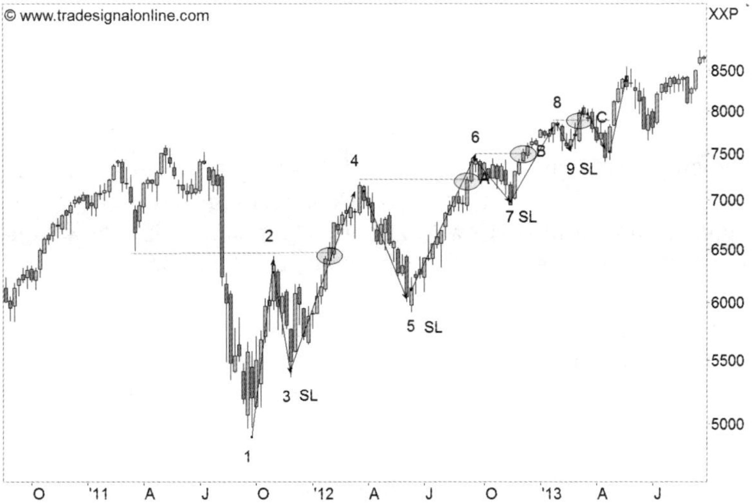


***Abbildung 57: Deutscher Aktienindex – DAX in der Wochenchart-Darstellung (eine Kerze = eine Woche). Der DAX fiel bis auf den Punkt 1, stieg von dort bis an den Punkt 2, um dann wieder bis zum Punkt 3 zurückzufallen. Mit Ausbruch durch den Punkt 2 wird der neue Trend etabliert. Einstiege nach den Rücksetzern an den Punkten A, B und C ergeben zusätzliche Gewinnchancen.***

Quelle: www.tradesignalonline.com

Nach unserem Einstieg in den DAX mit Ausbruch aus Punkt 2 bei 6.430 Punkten haben wir unsere Position planmäßig in vollem Umfang eröffnet. Der Kurs läuft im Anschluss direkt in unsere Richtung und wir verzeichnen umgehend erste Buchgewinne. Der Kurs steigt bis an den Punkt 4 bei 7.194 Punkten, um von dort zu korrigieren. Der Rückfall führt den DAX bis an den Punkt 5 bei 5.914 Punkten heran.

Da wir unsere charttechnische Analyse gewissenhaft durchgeführt haben, lassen wir uns davon aber nicht aus der Ruhe bringen. Im Gegenteil. Für uns ergibt sich eine gute Möglichkeit, um unsere Position günstig aufzustocken und damit unsere Gewinnchancen im laufenden Trend zu erhöhen.

Diese Möglichkeit wollen wir mit Durchbruch durch das letzte Hoch an Punkt 4 wahrnehmen. Auf den ersten Blick fällt auf, dass sich der Punkt 5 als neuer Stop-Loss für unsere neue Position anbietet. Um das Gesamtrisiko der beiden Positionen nicht zu vergrößern, ziehen wir unseren Stop-Loss des ersten Trades an den Punkt 5 hinterher. Im Ergebnis haben wir auf diese Weise für beide Positionen den gleichen Stop-Loss.

Dabei müssen wir beachten, dass unser erster Trade an Punkt 5 immer noch mit knapp der Hälfte im Risiko ist. Wir wollen unser Gesamtrisiko beider Positionen selbstverständlich nicht erhöhen, sondern konstant halten. Das heißt, dass wir die Positionsgröße unserer zweiten Position entsprechend kleiner halten müssen als die erste.

Zur Erinnerung: Wir wollen mit unseren Gesamtpositionen kein höheres Gesamtrisiko eingehen als mit der ursprünglichen Position geplant. Nur so optimieren wir unsere Gewinnchancen, ohne ein zusätzliches Risiko einzugehen!

Blicken wir wieder auf den Chart: Der DAX setzt ab Punkt 5 seine Aufwärtsbewegung weiter fort, und mit dem Durchbruch von Punkt 4 eröffnen wir unsere zweite Position wie geplant. Das ist unser Punkt A.

Kurz nach dem Ausbruch beginnt der Kurs ab Punkt 6 bei 7.478 Punkten seitwärts zu laufen und fällt sogar leicht zurück bis an den Punkt 7 bei 6.950 Punkten. Für uns ergibt sich hier eine weitere gute Möglichkeit, unsere Gesamtposition in die laufende Aufwärtsbewegung zu vergrößern. Den Durchbruch durch Punkt 6 wählen wir erneut als Einstiegspunkt – Punkt B – und nehmen als Stop-Loss für die neue Position das letzte Tief an Punkt 7. Natürlich nicht genau auf den Punkt, sondern immer ein paar Punkte darunter. Wir wollen schließlich nicht unglücklich ausgestoppt werden. Den Stop-Loss unserer beiden bestehenden Positionen ziehen wir ebenfalls unter Punkt 7 nach.

Jetzt haben wir unseren ersten Trade bereits mit 495 Punkten im Gewinn abgesichert und den zweiten Trade nur noch mit 271 Punkten im Risiko. Unsere Positionsgröße des dritten Trades können wir demensprechend festlegen.

Der Kurs steigt im Anschluss nach dem Ausbruch aus Punkt 6 auf ein neues Hoch an Punkt 8 bei 7.871 Punkten und fällt von dort leicht zurück auf Punkt 9 bei 7.561 Punkten. Wir wollen erneut die Gelegenheit nutzen und unsere Gesamtposition noch weiter vergrößern. Mit Durchbruch durch Punkt 8 eröffnen wir unsere nächste Position – Punkt C – und legen den Stop-Loss für alle laufenden Trades unterhalb von Punkt 9 auf 7.536 Punkte.

In der Summe haben wir damit den ersten Trade mit über 1.100 Punkten, den zweiten Trade mit 340 Punkten und den dritten Trade mit 56 Punkten im Gewinn abgesichert. Den vierten Trade haben wir mit 338 Punkten im Risiko. Im Falle eines Ausstoppens müssen wir diese 338 Punkte also vom Gesamtgewinn abziehen.

Sie ahnen es sicher bereits. Auch der schönste Trend ist irgendwann vorbei, und so fällt der Kurs unmittelbar nach unserem Einstieg an Punkt C unter das letzte Tief bei Punkt 9. Trotz eines Abstands von 25 Punkten zum letzten Tief bei 7.561 Punkten werden wir ausgestoppt und alle Positionen geschlossen.

Im Ergebnis können wir einen Gesamtgewinn in Höhe von 1.164 Punkten aufweisen. Vergleichen wir das jetzt mit dem Ergebnis, das wir allein nur mit der ersten Position erzielt haben, dann ergibt sich auf den ersten Blick ein ernüchterndes Ergebnis. Der Unterschied beträgt keine 60 Punkte. Ziehen wir von diesem Unterschied jetzt noch die gesamten Transaktionskosten aller Trades ab, sind die Ergebnisse wahrscheinlich sogar identisch.

Dennoch wollen wir an dieser Stelle nicht vorschnell urteilen. Betrachten wir stattdessen die Ergebnisse eingehender. Wir haben ja nicht nur einen einzelnen Trade mit einem Gewinn in Höhe von 1.164 Punkten umgesetzt. Tatsächlich haben wir drei Trades mit einem Gewinn von jeweils 1.106 Punkten, 340 Punkten, 56 Punkten und einen Trade mit einem Verlust in Höhe von 338 Punkten getätigt. In der Summe haben wir also deutlich besser abgeschnitten, als wenn wir nur den einen ersten Trade eingegangen wären.

| | Einstieg | Stop-Loss | Risiko in Punkten | Stop-Loss 1 | Risiko in Punkten | Stop-Loss 2 | Risiko in Punkten | Stop-Loss 3 | Risiko in Punkten |
|---|---|---|---|---|---|---|---|---|---|
| Position 1 | 6430 | 5341 | -1089 | 5889 | -541 | 6925 | 495 | 7536 | 1106 |
| Position 2 | 7196 | | | 5889 | -1307 | 6925 | -271 | 7536 | 340 |
| Position 3 | 7480 | | | | | 6925 | -555 | 7536 | 56 |
| Position 4 | 7874 | | | | | | | 7536 | -338 |
| Gesamtergebnis | | | | | | | | | 1164 |

***Abbildung 58: Die einzelnen Trades der Gesamtposition im Überblick. Einstiegskurs, Stop-Loss und Trailing-Stop mit dem entsprechenden Risiko beziehungsweise aufgelaufenen Gewinn. Zu den Einstiegskursen sind immer 3 Punkte aufaddiert, um nicht den direkten Hochpunkt zu handeln. Der Stop-Loss beinhaltet immer einen Sicherheitspuffer in Höhe von 25 Punkten zum entsprechenden Tiefpunkt.***

Die Berechnung wurde bewusst anhand von Punkten dargestellt, um Ihnen ein Gefühl zu geben, wie die grundsätzliche Vorgehensweise ist. In der Praxis gehört zu den erzielten Punkten selbstverständlich auch die entsprechende Positionsgröße, sodass die Ergebnisse noch einmal anders beziehungsweise besser ausfallen werden.

Ein wichtiger Punkt, der auffällt, ist, dass Sie gut beraten sind, wenn Sie die Positionsgröße mit jeder neuen Position etwas verringern. Einfach deshalb, um die aufgelaufenen Gewinne nicht zu riskieren. Stellen Sie sich diese Methode wie eine Pyramide vor. Der erste Trade bildet die Basis und stellt die größte Position dar. Der zweite Trade bekommt beispielsweise nur noch 75 Prozent der eigentlichen Positionsgröße zugeteilt. Der dritte Trade dann noch 50 Prozent und der vierte Trade dementsprechend nur noch 25 Prozent der ursprünglichen Positionsgröße. Auf diese Weise stellen Sie sicher, dass Sie Ihr Gewinnpotenzial maximieren und gleichzeitig Ihre aufgelaufenen Gewinne schützen. Denken Sie immer daran, dass auch der stärkste Trend irgendwann zu Ende geht und die Gefahr einer Korrektur im Zeitverlauf immer größer wird.

In der Praxis werden Sie regelmäßig erleben, dass der letzte Trade ein Verlierer ist. Aus diesem Grund ist die Pyramide oben spitz und die eingegangenen Positionen werden entsprechend immer kleiner.

In der Trading-Praxis werden Sie aufgrund der begrenzten Teilbarkeiten von Aktien, CFDs, Futures oder Hebelzertifikaten regelmäßig an die Grenzen der Umsetzbarkeit dieser Strategie stoßen. Ein unendlicher Pyramidenaufbau lässt sich in der Praxis nicht verwirklichen. Eine zwei- oder dreistufige Pyramide dagegen oftmals schon. Das sollte auch genügen, um einen Trend lange genug zu begleiten, bevor er korrigiert.

Als Faustregel können wir festhalten: Je größer Ihr Konto und damit Ihr einzugehendes Risiko ist, desto größer werden auch die zu teilenden Positionen sein, und umso leichter wird es Ihnen fallen, eine Pyramide aufzubauen.

Was bedeutet der Pyramidenaufbau für unsere »Money-Management-Matrix«? Wenn wir es ganz genau nehmen, dann müssen wir jede einzelne Position für sich zählen. Dementsprechend erhöhen wir mit der Pyramidisierung unsere Handelsfrequenz. Da wir einen Trend bis zum Letzten mit immer neuen Positionen mitnehmen, werden wir auch unsere Trefferquote leicht erhöhen können. Dass der letzte Trade regelmäßig verliert, ändert daran nicht viel. Unser realisiertes Chance-Risiko-Verhältnis wird dagegen in der Summe sinken. Denn wir werden zwar immer einen großen Gewinner dabei haben, aber eben auch viele kleinere, wie wir oben gesehen haben.

Das bedeutet: hohe Handelsfrequenz, hohe Trefferquote und geringeres Chance-Risiko-Verhältnis. In der Summe ist eine Pyramide also eine gute Möglichkeit, die Trading-Ergebnisse zu verbessern, solange wir das realisierte Chance-Risiko-Verhältnis über 1 halten.

Bleibt noch die Betrachtung des Risikos. Wenn wir die Pyramide richtig aufbauen, dann wird das Risiko insgesamt niemals höher sein als das Einzelrisiko. Im Gegenteil: Mit jeder neuen Stufe der Pyramide wird das Risiko geringer, da die Positionen kleiner werden. Gleichzeitig werden die Stopps der bereits laufenden Positionen an den neuen Stopp-Loss-Punkt nachgezogen. Im Ergebnis bedeutet das, dass wir zwar mehr Positionen eingehen, unser Gesamtrisiko aber nicht erhöhen. Auch aus diesem Aspekt heraus spricht also nichts gegen eine professionell aufgebaute Pyramide.

Als Fazit können wir festhalten, dass Sie durch die schrittweise Erhöhung der Positionen das Gewinnpotenzial einer Bewegung bis an das Maximum ausschöpfen. Gerade der Einstieg mit einer Teilposition gibt Ihnen beste Chancen bei unverändertem Risiko. Die Voraussetzung ist allerdings eine entsprechende Positionsgröße, die teilbar ist. Bereits hier aber stoßen viele Trader an ihre Grenzen. Suchen Sie sich deshalb immer ein Produkt für Ihr Trading aus, das es Ihnen erlaubt, Ihre Position zu teilen.

Beim Bau einer Pyramide verstärkt sich diese Herausforderung. Denn mit jeder Stufe müssen kleinere Beträge ins Risiko gebracht werden, was auch immer kleinere Positionsgrößen verlangt. Bei der Pyramidisierung ist ein ausgeklügeltes Risiko- und Trade-Management ausschlaggebend für Ihren Erfolg. Gerade unter dem Aspekt, dass mit dem Zeitverlauf die Anfälligkeit für Korrekturen ansteigt und damit auch die Gefahr, ausgestoppt zu werden, ist die Positionsgrößenbestimmung das A und O. Bleiben Sie in diesem Punkt im Zweifelsfall lieber defensiv!

Wir haben uns im Zusammenhang mit dem schrittweisen Trading nur mit dem Einstieg – dem sogenannten Scaling-in – befasst. Lassen Sie uns als Nächstes auch den schrittweisen Ausstieg betrachten – das Scaling-out. Auch mit einem schrittweisen Ausstieg aus einer Position können wir unser Gesamtergebnis verbessern.

Blicken wir hierzu direkt wieder auf einen Chart:

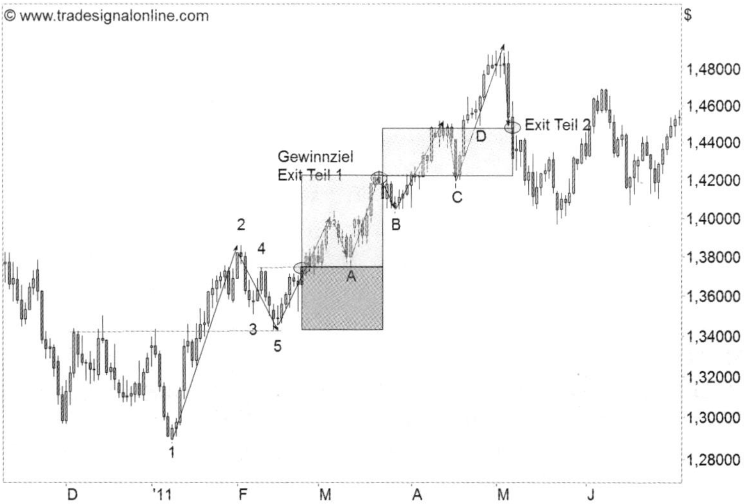


***Abbildung 59: EUR/USD in der Tageschart-Darstellung (eine Kerze = ein Tag). Der Kurs des Währungspaares befindet sich in einer steilen Rallye, die immer wieder von kurzen Korrekturen unterbrochen wird. Die Tiefpunkte der Korrekturen bilden gute Orientierungspunkte für einen Trailing-Stop. Die Quadrate zeigen das geplante Chance-Risiko-Verhältnis sowie den zusätzlich mit der Teilposition erzielten Gewinn.***

Quelle: www.tradesignalonline.com

Wir traden das Währungspaar EUR/USD und spekulieren dabei auf einen steigenden Euro. Nachdem das Währungspaar an Punkt 1 einen Tiefpunkt ausgebildet hatte, stieg es zunächst an den Punkt 2 heran, um anschließend über die Punkte 3 und 4 in mehreren Schritten auf die Unterstützung an Punkt 5 bei 1,3425 US-Dollar zurückzufallen. Von da aus machte der Kurs sich wieder auf den Weg nach Norden.

Wir wollen den Durchbruch durch den Punkt 4 bei 1,3745 US-Dollar als Einstiegssignal wählen und eröffnen unsere Position, als dieser Punkt überschritten wird. Den Stop-Loss legen wir unter den Punkt 5. Als Ziel haben wir uns für ein geplantes Chance-Risiko-Verhältnis in Höhe von 1,5 entschieden. Das heißt, dass wir bei einem Risiko von 320 Pips einen Gewinn von 480 Pips erzielen wollen. Als Zielmarke bedeutet das einen Kurs von 1,4225 US-Dollar im Währungspaar.

Der Blick auf den Chart verrät uns, dass auf dem Weg zum Ziel eine Hürde überwunden werden muss, die wir bei Punkt 2 lokalisieren können. Dort kann es noch zu einer Korrektur kommen. Ansonsten ist der Weg nach oben aber frei.

Dieses klassische Szenario kennen Sie bereits aus den vorangegangenen Trades.

Bislang sind wir damit auch immer zu guten Ergebnissen gekommen, denn ein geplantes und realisiertes Chance-Risiko-Verhältnis in Höhe von 1,5 bringt uns in unserer Erfolgsplanung bereits ein großes Stück weiter.

Wir wollen jetzt eine andere Ausstiegsstrategie wählen. Hierfür legen wir wie gewohnt unser Gewinnziel fest. Dort wollen wir uns aber nur von der Hälfte unserer Position trennen. Die andere Hälfte lassen wir gut abgesichert weiterlaufen.

Bleiben wir bei unserem Trade. Der Kurs steigt nach unserem Einstieg an, fällt dann wieder etwas zurück und markiert an Punkt A bei 1,3753 US-Dollar ein höheres Tief. Der Aufwärtstrend ist intakt, und wir können die Gelegenheit nutzen, unseren Stop-Loss für die gesamte Position unter das neu entstandene Tief bei Punkt A zu verschieben. Das bringt uns bereits in eine sehr komfortable Situation, denn ab diesem Moment ist die gesamte Position auf Einstiegsniveau abgesichert. Wir handeln ohne Risiko!

Im weiteren Verlauf erklimmt das Währungspaar ein neues Hoch, und unser Gewinnziel wird erreicht. Wir steigen wie geplant aus der Hälfte unserer Position aus und realisieren den Gewinn. Damit haben wir für diesen Teil der Position ein realisiertes Chance-Risiko-Verhältnis von 1,5 erzielt. Den Rest der Position lassen wir weiterlaufen. Auch hier haben wir die Wahl, ein festes höheres Chance-Risiko-Verhältnis als Gewinn festzulegen und dann auch aus diesem Teil auszusteigen oder den Stop-Loss so lange nachzuziehen, bis die Teilposition ausgestoppt wird. Beides ist möglich und praktikabel.

Für unseren Beispiel-Trade wollen wir den Stop-Loss der verbliebenen Teilposition unter jedes neu entstandene höhere Tief nachziehen. Nachdem wir nun die erste Hälfte unserer Position aufgelöst haben, fällt der Kurs wiederum etwas zurück bis auf den Punkt B bei 1,4026 US-Dollar. Dieser Punkt bildet nun den neuen Stop-Loss. Als nach einem weiteren Anstieg die Tiefpunkte C und D markiert werden, ziehen wir unseren Stop-Loss jeweils auch unter diese Punkte nach.

Wir sind mit einem Stop-Loss unter Punkt D bei 1,4490 US-Dollar bereits mit 715 Pips im Gewinn, falls wir an dieser Stelle die Position auflösen.

Der EUR/USD-Kurs läuft weiter aufwärts und markiert im Bereich 1,4902 US-Dollar ein Hoch, von wo das Währungspaar steil abfällt und in unseren nachgezogenen Stop-Loss bei 1,4490 US-Dollar läuft. Wir realisieren an diesem Punkt einen Gewinn mit unserer verbliebenen Teilposition in Höhe von 715 Pips. Zusammen mit der ersten Hälfte unserer Position kommen wir damit auf ein realisiertes Chance-Risiko-Verhältnis von 1,9. Wenn wir dieses Ergebnis jetzt mit dem vergleichen, was wir ohne Teilung der Position erzielt hätten, wird der Vorteil dieser Strategie deutlich.

Um die Betrachtung zu komplettieren, können wir uns zu diesem Trade auch noch eine Berechnung anschauen. Wie bereits erwähnt, lässt sich eine solche Strategie erst ab einer gewissen Größe Ihres Handelskontos abbilden. Für unsere Berechnungen nehmen wir deshalb als Grundlage der Einfachheit halber ein Konto mit 50.000 US-Dollar Handelskapital. Wir wollen davon 1 Prozent als Risiko einsetzen, was einen absoluten Risikobetrag in Höhe von 500 US-Dollar ergibt. Dieser Risikobetrag bildet die Grundlage der folgenden Berechnungen.

| | Ohne Teilung | Teil-position 1 | Teil-position 2 | Gesamt-ergebnis |
|---|---|---|---|---|
| Einstiegskurs | $1,3745 | | | |
| Stop-Loss | $1,3425 | | | |
| Risiko in Euro | $320 | | | |
| Ziel | $1,4225 | $1,4225 | $1,4490 | |
| Gewinn in Pips | 480 | 480 | 715 | 597,5 |
| geplantes CRV | 1,5 | | | |
| Gewinn in Pips 1. Hälfte | | 480 | | |
| Gewinn in Pips 2. Hälfte | | | 715 | |
| realisiertes CRV | 1,5 | 1,5 | 2,2 | 1,9 |
| | | | | |
| Positionsgröße | $15.000,00 | $7.500,00 | $7.500,00 | |
| Risiko absolut | $500,00 | | | |
| Gewinn absolut | $720,00 | | | |
| Gewinn 1. Hälfte | | $360,00 | | |
| Gewinn 2. Hälfte | | | $536,25 | $896,25 |

***Abbildung 60: Die Berechnung unseres Trades im EUR/USD. Basierend auf einem Handelskonto mit 50.000 USD und einem einzugehenden Risiko in Höhe von 1 Prozent werden die Ergebnisse ohne Teilung der Position und mit Teilung der Position angezeigt. Durch die geteilte Position konnte der Gesamtgewinn deutlich erhöht werden, im Durchschnitt von 480 Pips auf 598 Pips.***

Wir sehen in der Berechnung, dass wir mit der zweiten Teilposition ein Chance-Risiko-Verhältnis von 2,2 realisiert haben. Das ist mehr als respektabel. Den zweifelsohne guten Ergebnissen zum Trotz müssen wir aber auch hier wiederum festhalten, dass Sie leider nicht immer nur Gewinne mit Ihrer verbleibenden Teilposition realisieren, sondern regelmäßig auch erleben werden, dass der Kurs bereits frühzeitig den Stop-Loss auslöst. Solche wirklich guten Ergebnisse sind also nicht selbstverständlich.

Machen Sie sich an dieser Stelle bewusst, dass Sie mit dem Aufteilen der Position zwar die Chance auf zusätzliche Gewinne wahren, treten diese aber nicht ein, dann haben Sie in der Summe deutlich schlechter abgeschnitten, als wenn Sie die Position als Ganzes auflösen.

Das führt uns direkt zur kritischen Betrachtung anhand der »Money-Management-Matrix«. Durch das Scaling-out im Gewinnfall bleibt unsere Trefferquote unverändert. Der Trade ist ein Treffer, ob halbiert oder ganz. Das setzt allerdings voraus, dass wir die beiden Teilpositionen als einen Trade werten. Da wir den Trade als einzelnen eröffnet haben, können wir das aber machen. Die Trefferquote bleibt also unverändert. Wie sieht denn die Handelsfrequenz aus? Sie bleibt ebenfalls unverändert. Die Aufteilung im Gewinnfall ändert daran nichts. Was sich aber ändert, sind die Transaktionskosten. Sie erhöhen sich um die Kosten der Schließung der verbleibenden Position. Kosten erhöhen ja grundsätzlich das Risiko, denn dazu zählen sie ja auch. Abgesehen davon bleibt das Positionsrisiko unberührt. Gerade wenn der Stop-Loss auf den Einstiegspunkt nachgezogen wird, sobald das Gewinnziel erreicht wurde, ist das Risiko der verbliebenen Teilposition eliminiert. Das einzige Risiko, das bleibt, ist, dass die übrige Teilposition eben keinen Gewinn mehr erzielt, sondern am Einstiegspunkt mit Break-even ausgestoppt wird. Was natürlich unmittelbare Konsequenzen auf das realisierte Chance-Risiko-Verhältnis hat. Denn wenn die verbleibende Teilposition keinen Gewinn erzielt, sondern bei plus/minus null schließt, dann halbiert sich damit das realisierte Chance-Risiko-Verhältnis! Wir erzielen im Vergleich zum ursprünglich eingegangenen Risiko nur die Hälfte dessen, was wir benötigen, um profitabel traden zu können!

Lassen wir diese Erkenntnis etwas wirken. In der Annahme, unsere Gewinne zu maximieren, gehen wir das Risiko ein, unser realisiertes Chance-Risiko-Verhältnis zu halbieren. Daraus ergibt sich eine wesentliche Konsequenz für Sie. Nutzen Sie diese Methode ausschließlich, wenn Sie einen Markt oder Wert handeln, der in einer starken Trendphase ist. Je weiter der Trend läuft, desto intensiver müssen Sie nach Umkehrsignalen Ausschau halten. Das können

Kerzenmuster oder Formationen sein. Auch diese Strategie setzt dementsprechend ein professionelles Trade-Management voraus!

Schauen wir uns im Zusammenhang mit einem Scaling-out eine weitere Idee an, die Sie nutzen können, um Ihre Ergebnisse professionell zu steuern. Bei dieser Strategie geht es weniger um die Gewinnmaximierung – das werden wir damit nicht schaffen –, sondern mehr um Verlustminimierung. Dementsprechend schauen wir uns im Anschluss an, wie wir Teilpositionen auflösen können, wenn wir nicht im Gewinn, sondern stattdessen im Verlust sind.

Werfen wir dazu wieder einen Blick auf einen Chart:

***Abbildung 61: Commerzbank AG in der Wochenchart-Darstellung (eine Kerze = eine Woche). Die Aktie zeigte erste Umkehrtendenzen, indem sie ein neues Zwischenhoch markierte und auf ein höheres Tief korrigierte. Der Ausbruch aus Punkt 2 sollte den neuen Trend etablieren. Ein Scaling-out im Verlust verringert den Gesamtverlust.***

Quelle: www.tradesignalonline.com

Nehmen wir an, wir wollen die Commerzbank AG handeln. Um eine ruhige und solide Entscheidungsbasis zu erhalten, wählen wir den Wochenchart als Einstellung für unsere Chartanalyse. Wir sehen, dass die Aktie bis zum Punkt 1 bei 11,17 Euro gefallen ist. Von dort bewegte sie sich aufwärts und bildete an Punkt 2 ein Hoch bei 16,36 Euro. Von diesem Hoch fiel die Aktie dann wieder ab auf den Punkt 3, der bei 12,42 Euro ein höheres Tief ausbildet. Wir wollen auf einen weiteren Anstieg spekulieren und steigen bei Überschreiten des Punktes 2 in die Aktie ein. Zu unserem Ungemach entwickelt sich die Aktie nicht wie gewünscht, sondern macht genau das Gegenteil. Sie beginnt nach anfänglichem Zögern zu fallen. Alles sieht danach aus, dass wir in unseren Stop-Loss laufen, den wir unterhalb von Punkt 3 platziert haben.

Grundsätzlich ist das kein großes Thema, denn unser professionelles Risiko-Management schützt uns vor ungeplanten Verlusten. Das heißt aber noch lange nicht, dass uns das Verlieren Spaß macht und wir einfach tatenlos zusehen müssen, wie der Trade zum Verlierer wird. Aber einfach so direkt aussteigen wollen wir auch nicht, denn wir hatten bereits darüber gesprochen, dass es eher kontraproduktiv ist, einen Trade zu stören. Vielleicht benötigt er ja einfach nur etwas Luft zum Atmen.

Was können wir also unternehmen, außer abzuwarten, wie die Aktie ausgestoppt wird? Wir können auch im Verlustfall ein aktives Trade-Management betreiben. Auch im Verlustfall kann es sinnvoll sein, seine Position in Teilpositionen aufzuteilen. Eine gute Möglichkeit, dieses professionell umzusetzen, ist beispielsweise der Teilausstieg nach charttechnischen Kriterien.

Im Chart bildet der Kurs zumindest eine erste Tendenz nach oben, als er eine grüne Kerze an Punkt A ausbildet. Diese grüne Kerze können wir als Anlass nehmen, unsere Position zu verkleinern. Dazu legen wir den Stop-Loss für unsere Teilposition – beispielsweise die Hälfte der Gesamtposition – unter den Punkt A bei 13,68 Euro. Wird dieser Punkt unterschritten, trennen wir uns von der Hälfte unserer Positionen. Wir nehmen den ersten Verlust mit und lassen die andere Hälfte unverändert weiterlaufen. Diese bleibt durch den ursprünglichen Stop-Loss abgesichert.

Unser Vorteil liegt im Rahmen dieser Strategie darin, dass wir unseren Verlust verkleinern, gleichzeitig aber die Chance auf ein positives Ergebnis wahren. So werden wir sowohl unserem Risiko- als auch unserem Money-Management gerecht.

Zu beachten ist hier allerdings, dass Sie nicht zu früh den Teilausstieg vornehmen. Denn eine auf diese Weise verringerte Position hat nur noch geringe Chancen, als großer Gewinner durch das Ziel zu laufen. Das liegt daran, dass Sie auch im Falle eines doch noch positiven Ausgangs zuerst einmal den Verlust der aufgelösten Teilposition von dem Gewinn der verbliebenen Teilposition abziehen müssen. Im besten Fall bleibt ein Gewinn übrig, im Regelfall können Sie sich aber schon freuen, wenn Sie gerade so mit Break-even abschließen und Ihre Transaktionskosten nicht selbst tragen müssen. Aus diesem Grund dürfen Sie nicht übereilt handeln, sondern immer bewusst und nach festen Kriterien. Die Charttechnik leistet Ihnen an dieser Stelle gute Dienste, um festzustellen, an welchem Punkt die Wahrscheinlichkeit gegen Sie läuft.

Betrachten wir das Ergebnis auch hier an konkreten Zahlen:

| | Ohne Teilung | Teil-position 1 | Teil-position 2 | Gesamt-ergebnis |
|---|---|---|---|---|
| Einstiegskurs | 16,36 € | | | |
| Stop-Loss | 12,42 € | 13,68 € | 12,42 € | |
| Risiko in Euro | 3,94 € | 2,68 € | 3,94 € | |
| | | | | |
| Anzahl Aktien | 25 | 13 | 12 | |
| Positionsgröße | 409,00 € | | | |
| Risiko absolut | 98,50 € | | | |
| Verlust absolut | -98,50 € | -34,84 € | -47,28 € | -82,12 € |

***Abbildung 62: Durch die Auflösung einer Teilposition verringert sich der Gesamtverlust um mehr als 16 Prozent.***

Die Zahlen sprechen für sich. Angenommen, wir legen unser 10.000-Euro-Handelskonto zugrunde und riskieren wie immer ein Prozent unseres Handelskontos für diesen Trade, dann können wir 25 Aktien der Commerzbank AG kaufen. Durch den Verkauf der einen Hälfte – 13 von 25 Aktien – konnten wir unseren Verlust um 16 Prozent verringern. Immerhin. Ein gesparter Verlust ist fast wie ein Gewinn. Er erhöht die finanzielle Basis für unseren nächsten Trade!

## Der Time-Warp: Wie Sie verschiedene Zeitebenen miteinander verknüpfen

Obwohl wir in unseren Betrachtungen mittlerweile schon sehr weit fortgeschritten sind und uns auf einem sehr hohen professionellen Niveau bewegen, können Sie noch eine weitere Idee Ihrem bereits vorhandenen Wissen hinzufügen.

Wir sind bislang immer davon ausgegangen, dass wir uns innerhalb einer Zeiteinheit bewegen. Die Ein- und Ausstiege lagen alle in einer Zeitebene. Die Analyse eines Wertes fand beispielsweise nur im Tages- oder Wochenchart statt. Dementsprechend wurden auch der Einstiegspunkt und die beiden Ausstiegspunkte im Tages- oder Wochenchart festgelegt. Das ist nur plausibel und brachte uns erwiesenermaßen auch deutlich positive Ergebnisse.

Und genau an diesem Punkt wollen wir mit unseren weiteren Betrachtungen ansetzen. Wir hatten bereits bei den Trading-Stilen festgestellt, dass sich die Stile in verschiedenen Zeitebenen bewegen. Doch warum sollten wir uns nur auf eine Zeitebene festlegen, wenn wir doch auch über den Tellerrand hinausschauen können? Vielleicht können wir unsere Ergebnisse hier ja noch weiter verbessern, ohne unseren gewählten Trading-Stil verändern zu müssen.

Welche Möglichkeiten ergeben sich für Sie, wenn Sie nicht nur eine Zeitebene betrachten, sondern zwei oder drei? Die Betrachtung verschiedener Zeitebenen hat gleich mehrere Vorteile für Sie:

Zum einen können Sie auf diese Weise versteckte Widerstände und Unterstützungen identifizieren, die in anderen Zeitebenen liegen.

Hierdurch können Sie Ihre Trefferquote verbessern, weil Sie Ihre Trades noch bewusster und selektiver auswählen. Zum anderen können Sie Ihre Einstiege verfeinern, indem Sie nicht nur in Ihrer bevorzugten Zeitebene nach Einstiegssignalen suchen, sondern auch in den darunter liegenden. Dadurch erhalten Sie die Möglichkeit, ein paar Punkte mehr zu erzielen und sauberere Einstiege zu finden. Gleichfalls können Sie Ihren Stop-Loss enger definieren, indem Sie beispielsweise in einem untergeordneten Zeitebenen nach konkreten Marken für Ihren Stop-Loss suchen. Gerade der zweite Punkt kann Sie in Ihrem Money-Management noch ein gutes Stück nach vorne bringen, ohne dass Sie Ihr Risiko nennenswert verändern müssen.

Schauen wir uns gleich einmal die erste Variante an. Stellen sie sich vor, Sie führen eine gewissenhafte Analyse eines Wertes in Ihrem bevorzugten Zeitebenen durch. Sie identifizieren eine gute Einstiegsmöglichkeit gemäß Ihrer Trading-Strategie und legen einen Einstiegspunkt fest, genauso wie Sie Ihren Stop-Loss-Punkt und Ihr Gewinnziel festlegen. Mit Erreichen des Einstiegssignals eröffnen Sie den Trade. Der Markt behält die präferierte Richtung bei, die Position läuft in den Gewinn und alles sieht eigentlich nach einem erfolgreichen Trade aus. Eigentlich. Denn unvermittelt lässt die Dynamik nach, der Markt läuft zunächst seitwärts und korrigiert dann scharf. Aus Ihrem anfänglichen Gewinner droht ein Verlierer zu werden.

Was ist passiert? Vielleicht haben Sie eine wichtige Neuigkeit nicht mitbekommen? Oder haben Sie Ihre Analyse doch nicht richtig durchgeführt? Was hätten Sie beachten müssen?

Diese beschriebene Situation können wir regelmäßig erleben, und die Gründe hierfür sind vielfältig. Dass so etwas passieren kann, das hatten wir bereits schon mehrfach besprochen, und genau dafür haben wir ja unser Risiko-Management festgelegt. Dennoch können wir diese Situationen zumindest teilweise vermeiden. Wenn wir unsere Analyse nicht mehr nur auf eine einzelne Zeitebene beschränken, sondern auch die benachbarten mit einbeziehen, dann können wir sicher den einen oder anderen potenziellen Verlierer vermeiden.

Schauen wir uns zur Verdeutlichung das Währungspaar USD/JPY im Stundenchart an.

***Abbildung 63: USD/JPY in der Stundenchart-Darstellung (eine Kerze = eine Stunde). Das Währungspaar lief nach einer Aufwärtsbewegung eine längere Zeit seitwärts, um dann nach oben auszubrechen. Nach einem Rücklauf wurde ein neues Hoch markiert, das dann mit einer scharfen Abwärtsbewegung korrigiert wurde.***

Quelle: www.tradesignalonline.com

Im Währungspaar USD/JPY sehen wir die eben beschriebene Situation. Nach einem Ausbruch aus einer Seitwärtsbewegung markierte das Währungspaar ein neues Hoch an Punkt 2 bei 103,15 Yen, um von dort bis an den Punkt 3 bei 102,83 Yen zu korrigieren. Da keine nennenswerte Abwärtsdynamik aufkommt, wollen wir auf eine Weiterführung der Aufwärtsbewegung spekulieren und eröffnen unsere Position mit Durchbruch durch den Punkt 2 und einem kleinen Puffer bei 103,20 Yen. Den Stop-Loss legen wir unterhalb des Punktes 3 auf 102,75 Yen, was das letzte Tief markiert. Auch hier lassen wir einen kleinen Abstand zwischen dem absoluten Wert und unserem Ausstiegswert. Ein Unterschreiten des Tiefs würde einen positiven Ausgang unserer Trading-Idee infrage stellen, und die Wahrscheinlichkeit, dass die Aufwärtsbewegung weitergeht, wäre nicht mehr gegeben. Mit Positionseröffnung laufen wir direkt in den Gewinn, und das Währungspaar markiert im Zuge der Aufwärtsbewegung ein neues Hoch. So weit, so gut. Allerdings nimmt die Aufwärtsdynamik unvermittelt ein jähes Ende, und der Kurs des Währungspaares beginnt dynamisch zu fallen. Die beginnende Abwärtsbewegung läuft direkt in unseren Stop-Loss und wir schließen die Position im Verlust. Im weiteren Verlauf fällt der Kurs weiter, was uns in unserem Stop-Loss bestätigt. Eine Aufwärtsbewegung ist zumindest kurzfristig nicht mehr relevant.

An diesem Punkt stellt sich uns die Frage, ob wir dieses Szenario hätten vermeiden können. Die Antwort fällt gemischt aus: Ja und Nein. Denn im Stundenchart gab es keine näheren Hinweise darauf, dass die Aufwärtsbewegung auf ein Hindernis stoßen könnte. Und an diesem Punkt kommen die anderen Zeitebenen ins Spiel. Denn was liegt näher, als die Analyse vom Stundenchart auf den Tageschart zu verlegen? Vielleicht hätten wir dort ja einen Hinweis entdecken können.

Schauen wir uns den Tageschart gleich einmal an:

***Abbildung 64: USD/JPY in der Tageschart-Darstellung (eine Kerze = ein Tag). Das Währungspaar lief nach einer scharfen Abwärtsbewegung eine längere Zeit volatil seitwärts, um dann steil nach oben auszubrechen.***

Quelle: www.tradesignalonline.com

Das sieht doch schon anders aus. Wir sehen, dass das Währungspaar USD/JPY nach einer starken Aufwärtsbewegung an Punkt 1 bei 103,73 Yen ein neues Hoch markiert, von dem das Währungspaar steil nach unten abfällt und erst an einem Unterstützungsbereich bei 93,79 Yen an Punkt 2 zum Stehen kommt. Ausgehend von dort geht es wieder ein Stück nach oben bis 101,54 Yen, ohne jedoch ein neues Hoch zu markieren. Stattdessen pendelt das Währungspaar volatil in einer Seitwärtsrange zwischen 101 Yen und 96 Yen hin und her. Ausbrüche nach oben oder unten werden jeweils umgehend korrigiert und führen den Markt direkt in die entgegengesetzte Richtung. Wie üblich bei Seitwärtsbewegungen wird auch diese mit einem Ausbruch beendet. Mit einem Ausbruch aus der Seitwärtsrange nach oben steigt das Währungspaar direkt bis an den Punkt 3 an. Dieser Bereich ist mit einem kleinen Kreis markiert, und dieser Kreis ist genau der Punkt, in dem wir unseren Trade im Stundenchart eröffnet haben.

Was sehen Sie? Wir haben direkt in einen Widerstand gekauft! Ein Widerstand, der von dem Hoch an Punkt 1 gebildet wurde, an dem der Markt bereits einmal scharf korrigiert hatte. Im Stundenchart war dieser Widerstand nicht sichtbar, da er bezogen auf die Zeitebene zu weit vom Einstiegspunkt entfernt war. Im Tageschart hingegen schon. Basierend auf dieser Information: Hätten Sie den Trade mit Spekulation auf steigende Kurse eröffnet? Wahrscheinlich nicht.

Allein der Vergleich Stundenchart mit Tageschart hat uns hier schon Klarheit gebracht. Lassen Sie uns der Vollständigkeit halber noch einen Blick auf die darüber liegende Zeitebene werfen, den Wochenchart:

Wir sehen, dass das Währungspaar in einer langfristigen steilen Aufwärtsbewegung ist, die an Punkt 1 ihr jähes Ende gefunden hat. Nach einer scharfen Korrektur ist auch im Wochenchart die darauf folgende Seitwärtsbewegung zu erkennen. Darüber hinaus lässt sich erkennen, dass sich ein Wimpel[18] bildet, der regelkonform in Trendrichtung nach oben aufgelöst wird. Bei genauem Hinsehen ist dieser Wimpel bereits im Tageschart erkennbar.

[18] Ein Wimpel ist eine charttechnische Formation, die während einer Trendbewegung auftreten kann. Als typisches Konsolidierungsmuster wird der Wimpel regelkonform in Trendrichtung aufgelöst. Selbstverständlich kann er aber auch entgegen der Trendrichtung aufgelöst werden. Zur Vertiefung dieser und anderer Formationen greifen Sie gerne auf die weiterführende Literatur zurück.

***Abbildung 65: USD/JPY in der Wochenchart-Darstellung (eine Kerze = eine Woche). Das Währungspaar befindet sich in einem langfristigen Aufwärtstrend. Nach einem steilen Anstieg fiel das Währungspaar USD/JPY zurück, um dann in einer engen Seitwärtsspanne zu konsolidieren. Der Ausbruch aus dem Wimpel bringt das Währungspaar an das Hoch an Punkt 1 heran.***

Quelle: www.tradesignalonline.com

Was können wir nun mit diesen Informationen anfangen? Wird eine Position, die im Stundenchart eröffnet werden soll, tatsächlich vom Wochenchart beeinflusst?

Wir können mehrere Schlüsse aus dieser Dreifach-Analyse ziehen:

Erstens ist es wichtig, versteckte Widerstände oder Unterstützungen ausfindig zu machen, um zu vermeiden, dass ein Trade von vornherein zum Scheitern verurteilt ist. Für Sie bedeutet dies, dass Sie immer zumindest eine Ebene hochschalten sollten, um sicherzugehen, dass Ihrer Trading-Idee keine versteckten Hindernisse entgegenstehen.

Zweitens können wir mit Analyse über mehrere Zeitebenen die grundsätzliche Trendrichtung bestimmen. Sie können dann bei Ihrer Analyse besser festlegen, ob Sie mit den übergeordneten Trend handeln oder ob Ihr Trade nur eine Gegenbewegung im übergeordneten Trend ist. Je nachdem müssen Sie dann natürlich auch Ihr Gewinnziel bestimmen und festlegen.

Drittens verhilft uns diese Form der Analyse dazu, auch einmal über den Tellerrand hinauszublicken. Das können Sie wiederum auf mehrere Arten nutzen.

Eine gute Gelegenheit ist eine gute Gelegenheit! Wenn Sie also sehen, dass in einer übergeordneten Zeitebene ein guter Trade auf Sie wartet, dann spricht nichts dagegen, diesen gemäß Ihren Kriterien zu prüfen und auch umzusetzen. Zusätzlich hilft Ihnen diese Methode dabei, das Timing Ihrer Trades zu verbessern. Wie wir oben gesehen haben, war die Idee eines Einstiegs in eine Aufwärtsbewegung ja nicht grundsätzlich falsch. Das Timing hingegen schon. Besser wäre es doch gewesen, den Ausbruch aus dem Widerstand abzuwarten und dann einen Einstieg zu suchen. Diesen könnten Sie im Stundenchart genauso suchen wie im Tages- oder Wochenchart. Beispielsweise können Sie den Ausbruch im Tageschart abwarten und dann im Stundenchart nach Einstiegspunkten suchen, um diesen Ausbruch zu handeln.

Vielleicht fragen Sie sich jetzt, was diese Betrachtung mit Risiko- und Money-Management zu tun hat. Natürlich eine Menge. Wir hatten bereits mehrfach festgestellt, wie wichtig es für Sie ist, auf die Qualität Ihrer Trades zu achten. Ihr Ziel muss es sein, die Elemente der »Money-Management-Matrix« auf konstant hohen Werten zu halten. Dazu gehört auch, dass Sie die Trefferquote im Auge behalten. Wenn Sie nun durch diese Art der Analyse zumindest ein paar der zum Scheitern verurteilten Trades ausschließen, dann hat das einen unmittelbar positiven Effekt auf Ihre Trefferquote. Sie wird nämlich steigen. Ganz besonders, wenn Sie auf diese Weise auch noch ein paar gewinnträchtige Gelegenheiten identifizieren, die Sie sonst vielleicht nicht gefunden hätten.

Es lohnt sich also allein schon aus diesem Grund, mehrere Zeitebenen miteinander zu vergleichen und somit eine bessere Übersicht über das Geschehen am Markt zu bekommen. Wir können uns aber noch einen weiteren positiven Effekt aus dieser Idee anschauen.

Der zweite positive Effekt, den Sie durch die Betrachtung verschiedener Zeitebenen erhalten, ist die Verfeinerung Ihrer Ein- und/ oder Ausstiege. So können Sie nach oder auch bereits vor der Auslösung Ihres eigentlichen Signals den Einstieg in einer niedrigeren Zeitebene suchen und damit das Gewinnpotenzial optimieren. Oder Sie können auch dann noch einen Einstieg in einen Trade finden, wenn Sie das eigentliche Signal verpasst haben. Dazu nutzen Sie die nach einem Ausbruch folgende Korrektur einer niedrigeren Zeitebene. Von dort kann Ihnen dann auch noch der Einstieg gelingen, selbst wenn in Ihrer eigentlichen Zeitebene keine Möglichkeit zur Eröffnung einer Position mehr gegeben ist.

Schauen wir uns gleich eine konkrete Situation dazu an. Wir wollen den DAX längerfristig handeln und führen unsere Analyse dazu im Wochenchart durch.

***Abbildung 66: Der DAX in der Wochenchart-Darstellung (eine Kerze = eine Woche). Ausgehend von einem scharfen Rückfall steigt der DAX in einer steilen Aufwärtsbewegung an. Rücksetzer an die Trendlinie werden regelmäßig gekauft und führen den DAX weiter nach oben.***

Quelle: www.tradesignalonline.com

Der DAX steigt nach einem Rückfall auf 4.965 Punkte bei Punkt 1 kontinuierlich bis an den Punkt 2 bei 7.194 Punkten an. An dem Widerstand prallt der Kurs ab und fällt bis an den Punkt 3 bei 5.914 Punkten. Wir können die Punkte 1 und 3 verbinden und erhalten die untere Trendlinie, der Punkt 2 markiert den Punkt für die parallel verlaufende obere Begrenzung. Wir sehen außerdem eine Abfolge steigender Hoch- und Tiefpunkte, was uns in unserer Einschätzung eines Aufwärtstrends bestätigt. Der Markt läuft weiter aufwärts und wird von regelmäßigen Korrekturen begleitet, die den DAX bis in den Bereich der unteren Begrenzung an Punkt 5 bei 7.418 Punkten zurückfallen lassen. Wir wollen diese Gelegenheit nutzen, um in den Aufwärtstrend einzusteigen. Wir werden in unserer Analyse bestärkt, als wir feststellen, dass wir an dem Punkt 5 eine starke Unterstützungslinie haben. Wir wollen den Ausbruch aus dem letzten Hoch bei Punkt 4 bei 8.074 Punkten dazu nutzen, um eine Position zu eröffnen. So weit die klassische Vorgehensweise, die wir bislang durchgängig angewendet haben.

Wir wollen jetzt eine Zeitebene runterschalten, um zu sehen, ob wir nicht auch etwas früher in den Markt kommen können. Vielleicht können wir dadurch ja auch die Strecke zwischen Einstiegspunkt und Stop-Loss etwas verkürzen.

***Abbildung 67: Der DAX in der Tageschart-Darstellung (eine Kerze = ein Tag). Der DAX befindet sich in einem Aufwärtstrend, der immer wieder von Rücksetzern und Seitwärtsbewegungen unterbrochen wird.***

Quelle: www.tradesignalonline.com

Der DAX im Tageschart zeigt uns ein detaillierteres Bild, und wir sehen, was in jeder einzelnen Woche im Detail geschehen ist. Da wir die langfristige Analyse bereits im Wochenchart abgeschlossen haben, können wir uns für die Detailarbeit auf die unmittelbare Zeit vor unserem Einstiegspunkt konzentrieren.

Wir sehen, dass der DAX ausgehend von Punkt 1 bei 8.074 Punkten bis auf den Punkt 6 bei 7.418 Punkten zurückgefallen ist. Das haben wir bereits im Wochenchart festgestellt. Dort entspricht der Punkt 4 unserem Punkt 1 im Tageschart. Im Gegensatz zum Wochenchart, wo es den Anschein hat, als sei der DAX ohne Unterbrechung steil abgefallen und hätte erst am Tief bei 7.418 Punkten gestoppt, sehen wir im Tageschart, dass der Abstieg immer wieder von kurzen Aufwärtskorrekturen begleitet wurde. Diese absteigenden Hoch- und Tiefpunkte sind im Tageschart mit den Punkten 2 bis 6 markiert.

Um unseren Einstieg im Tageschart zu finden, können wir uns wiederum einen Punkt suchen, an dem die Wahrscheinlichkeit eines weiteren Ansteigens größer ist als die Wahrscheinlichkeit eines erneuten Abfallens des Kurses. Das ist der Punkt 5 im Tageschart bei 7.885 Punkten. Steigt der Kurs darüber an, so ist die Abfolge tieferer Hoch- und Tiefpunkte durchbrochen, und die Chance für eine Fortführung des Aufwärtstrends ist gegeben.

Wir können also unseren Einstieg auf 7.900 Punkte legen. Damit haben wir auch gleichzeitig einen Sicherheitspuffer, falls der Markt einen Täuschungsversuch unternimmt. Den Stop-Loss können wir – wie im Wochenchart geplant – bei 7.418 Punkten oder besser noch etwas darunter bei 7.400 Punkten oder auch 7.395 Punkten belassen.

Wenn wir vergleichen, dann können wir durch unseren Wechsel der Zeitebenen den Einstieg von 8.074 Punkten auf 7.900 Punkte verschieben. Wir erlangen dadurch einen Vorteil in Höhe von mehr als 170 Punkten!

Schließlich können wir durch unsere Analyse der beiden Zeitebenen unser Gesamtbild ergänzen, indem wir beide Analysen übereinanderlegen.

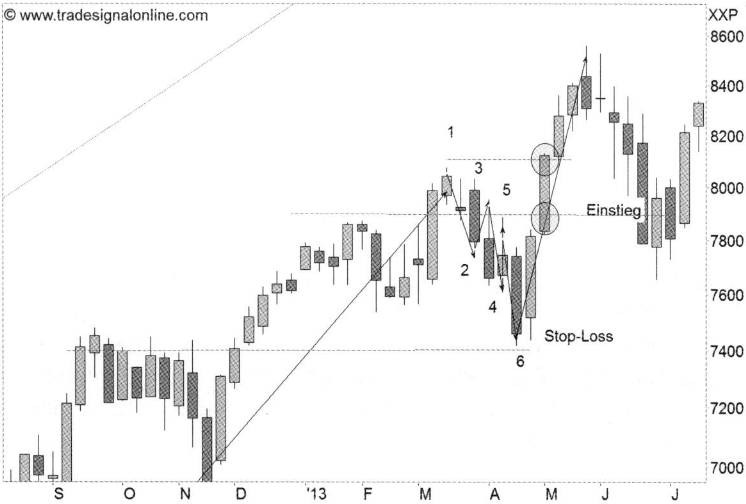


***Abbildung 68: Der DAX in der Wochenchart-Darstellung (eine Kerze = eine Woche). Die Ergebnisse der Tageschart-Analyse sind stehen geblieben, als in den Wochenchart hochgeschaltet wurde. Dadurch verfeinert sich das Gesamtbild weiter.***

Quelle: www.tradesignalonline.com

Verbinden wir die Erkenntnisse aus der Wochen- und der Tageschartanalyse, dann können wir auch genau beurteilen, wie der Einstieg in die Position im Tageschart zu beurteilen ist. Vielleicht ist es Ihnen bereits aufgefallen, dass wir praktisch in einen Widerstand hineingekauft haben. Im Tageschart hat dieser eine größere Relevanz als im Wochenchart. Denn im Wochenchart gilt der übergeordnete Aufwärtstrend, und der Abprall von der Unterstützung bekräftigt uns in unserer Einschätzung, dass die Aufwärtsbewegung fortgesetzt wird. Dementsprechend können wir auch die Chance als hoch einstufen, dass der Widerstand durchbrochen wird. Der Trade ist gerechtfertigt.

Auch hier stellt sich Ihnen vielleicht die Frage nach der Relevanz für unser Thema, dem Risiko- und Money-Management. Diese ist natürlich gegeben, der Einfluss auf die Elemente der »Money-Management-Matrix« ist unmittelbar zu spüren:

Durch die Verfeinerung Ihrer Einstiege können Sie auf jeden Fall Ihr realisiertes Chance-Risiko-Verhältnis erhöhen, denn Sie erhalten im Gewinnfall einfach mehr bei gleichem Risiko. Die Trefferquote könnte leicht sinken, da Sie durch den früheren Einstieg natürlich immer auch Gefahr laufen, einem Fehlsignal aufzusitzen. Das hatten wir schon weiter oben diskutiert. Dieser Nachteil wird durch das höhere Chance-Risiko-Verhältnis aufgewogen, sodass dieses zweistufige Vorgehen unter Money-Management-Aspekten auf jeden Fall sinnvoll ist. Auch die Handelsfrequenz könnte sich etwas erhöhen, da natürlich die Gefahr besteht, einfach zu früh in Positionen einzusteigen, die dann doch nicht das eigentliche Handelssignal auslösen, sondern stattdessen in den Verlust laufen. Sie eröffnen in diesem Fall eine Position, die Sie in Ihrer eigentlichen Zeitebene nicht eröffnet hätten. In diesem Sinne ist dann das Gesamtrisiko zu beachten, auch wenn sich das Risiko pro Position nicht erhöht.

Insgesamt stehen einem deutlich erhöhten realisierten Chance-Risiko-Verhältnis eine möglicherweise verschlechterte Trefferquote sowie eine eventuell erhöhte Handelsfrequenz bei höherem Gesamtrisiko gegenüber. Wir haben bereits mehrfach betont, dass das realisierte Chance-Risiko-Verhältnis für uns das Maß aller Dinge ist. Dementsprechend wiegt dieser potenzielle Vorteil die möglichen Nachteile auf. Natürlich müssen Sie Ihre Ergebnisse diesbezüglich immer kontrollieren und umgehend gegensteuern, wenn sich Ihr Gesamtergebnis verschlechtert.

Das Wichtigste in Kürze zusammengefasst:

> Die Verwendung eines Trailing-Stop kann Ihnen bei richtiger Anwendung die aufgelaufenen Gewinne sichern.

> Ein schrittweiser Einstieg in eine Position kann Ihnen weitere Gewinne sichern, ohne dass Sie Ihr Risiko erhöhen.

> Die schrittweise Erhöhung Ihrer Position in Form einer Pyramide ermöglicht Ihnen die Maximierung Ihrer Gewinne in einem bestehenden Trend.

> Ein Trend wird unbedingt benötigt, wenn Sie sich am Gewinnziel dazu entschließen, eine Teilposition weiterlaufen zu lassen. Eine Absicherung über einen Trailing-Stop sichert Ihnen die aufgelaufenen Gewinne der verbleibenden Teilposition.

> Im Verlustfall verringern Sie Ihren Verlust durch eine Auflösung einer Teilposition, was Ihnen Ihr wertvolles Kapital für den nächsten Trade erhält.

> Die Analyse über mehrere Zeitebenen eröffnet Ihnen das ganze Bild und hilft Ihnen dabei, versteckte Widerstände oder Unterstützungen zu identifizieren.

> Durch die Nutzung untergeordneter Zeitebenen können Sie Ihre Einstiege verfeinern und damit ein höheres Chance-Risiko-Verhältnis realisieren.

simplified

# Kapitel 7: Erfolg ist planbar! In kleinen Schritten zum großen Ziel!

Sehr weit sind wir in unseren Betrachtungen gekommen, und Sie haben sich intensiv mit den Elementen eines professionellen Risiko- und Money-Managements befasst. Nicht nur das, sondern Sie haben auch konkrete Techniken kennengelernt, die Ihnen ein professionelles Management Ihrer Trades unter Berücksichtigung der »Money-Management-Matrix« gestatten. Damit haben Sie das Handwerkszeug, das Sie benötigen, um an der Börse nachhaltig erfolgreich zu sein.

Und genau das führt uns zum nächsten Punkt. Viele Anleger und Trader verbinden mit dem Trading den Traum vom großen Geld, finanzieller Unabhängigkeit und dem Beruf als professioneller Trader!

Die gute Nachricht ist, dass dies möglich ist. Die schlechte, dass es vieler Voraussetzungen bedarf, um es tatsächlich auch zu erreichen. Dazu gehört neben einem professionellen Risiko- und Money-Management natürlich eine profitable Strategie mit einem positiven Erwartungswert. Um diese Strategie zu entwickeln, benötigen Sie fundierte Kenntnisse in den Methoden der fundamentalen und charttechnischen Analyse. Denn das große Bild eröffnet sich Ihnen erst dann, wenn Sie alle Komponenten in Ihrer Analyse miteinander verknüpfen. Dies gilt insbesondere dann, wenn Sie sich für einen längerfristigen Trading-Stil entscheiden. Aus diesem Grund sei Ihnen die weitergehende Literatur hierzu wärmstens empfohlen.

Neben dem Wissen um die harten Fakten gehört auch das Wissen um die ausführende Person selbst dazu. Das sind Sie! Wir haben uns immer wieder mit Ihren persönlichen Voraussetzungen beschäftigt, um sicherzustellen, dass Ihr Trading-Stil, Ihre Trading-Strategie und Ihr Risiko-Management auch tatsächlich zu Ihnen passen und Sie sich wohl fühlen in Ihrer »Trader-Haut«. Nur dann kann Ihr Trading wirklich erfolgreich sein. Auch hierzu sei Ihnen die weiterführende Literatur ans Herz gelegt.

Neben all dem Wissen um das Trading, die Märkte und Sie selbst wollen wir uns mit zwei Punkten noch näher beschäftigen: Ihre Trading-Disziplin und Ihr Trading-Kapital.

Über Ihr Trading-Kapital haben wir bereits intensiv gesprochen und das Ziel eines professionellen Risiko- und Money-Managements ist es ja auch, dieses nicht nur zu beschützen, sondern auch zu vermehren. Mit diesem Punkt werden wir uns später in diesem Kapitel noch genauer befassen.

Trading-Disziplin ist eine andere Sache. Auch das ist immer wieder durchgeklungen. Disziplin kommt von innen und kann nur dann dauerhaft beibehalten werden, wenn Sie Ihr Trading motiviert und konzentriert angehen. Jeden Tag aufs Neue. Genau aus diesem Grund ist es für Sie wichtig, sich mit dem Risiko- und Money-Management gewissenhaft zu befassen. Denn ein professionelles Management verschafft Ihnen die mentale Grundlage, Tag für Tag motiviert und diszipliniert Ihrem Trading nachzugehen.

Wie kann das sein? Inwieweit unterstützt Sie das Risiko- und Money-Management dabei, Ihre Motivation und Ihre Disziplin für das Trading zu bewahren?

Indem Sie durch das Risiko-Management überproportionale Verluste verhindern. Indem Sie mental handlungsfähig bleiben, auch wenn Sie eine Reihe von Verlusten hinnehmen mussten. In diesem Sinne hilft Ihnen ein striktes Risiko-Management dabei, die Ruhe zu bewahren und sachlich zu agieren, wenn der Markt gegen Sie läuft. Genau genommen sind Ihre menschlichsten Emotionen im Trading hinderlich oder sogar schädlich für Ihren Trading-Erfolg, denn weder Angst noch Gier dürfen Ihre Trading-Entscheidungen bestimmen.

Ein professionelles Risiko- und Money-Management schützt Sie vor diesen Emotionen. Richtig ausgeführt wissen Sie nämlich bereits alles, bevor Sie Ihre Position eröffnen. Sie wissen, wie viel Sie verlieren können. Sie wissen auch, wie viel Sie gewinnen können. Mit Sicherheit. Egal, welche Richtung der Markt nach der Eröffnung Ihres Trades einschlägt. Sie wissen bereits, was für Sie unter normalen Umständen dabei herauskommt. Im positiven wie im negativen Sinne. Das ist die Sicherheit, die Sie benötigen, um Ihre Entscheidungen rational treffen zu können. Das Einzige, was Sie noch tun können, nachdem Sie Ihre Position eröffnet haben, ist das professionelle Management Ihres Trades.

Wir hatten im Verlauf des Buches immer wieder über das Verlieren gesprochen und das auch aus gutem Grund. Denn der Verlust gehört zum Trading wie die Kosten zum Umsatz. Selbstverständlich will jeder seine Kosten möglichst klein halten, um seinen Gewinn zu erhöhen. Vermeiden lassen sich Kosten im Allgemeinen aber nicht. Kosten beziehungsweise Verluste sind ein fester Bestandteil einer Trading-Strategie. Auch das ist ein wichtiger Punkt, den es zu verinnerlichen gilt.

Vielleicht hilft Ihnen im Umgang mit Verlusten zusätzlich noch die folgende Betrachtungsweise:

Wir hatten uns im vorangegangenen Kapitel mit dem Erwartungswert beschäftigt. Ein positiver Erwartungswert besagt, dass im Durchschnitt jeder einzelne Trade einen bestimmten Gewinn erzielt. Das heißt, dass Sie mit jedem Trade – ob im Gewinn oder im Verlust geschlossen – innerhalb einer Strategie einen Gewinn erwarten können. Oder anders gesagt: Jeder Trade bringt Sie Ihrem Gewinn einen Schritt näher! Diese Einstellung können Sie sich in vielen anderen Bereichen Ihres Lebens ebenfalls zunutze machen!

Allgemein können wir festhalten, dass Sie jeder überstandene Misserfolg dem gewünschten Erfolg einen Schritt näher bringt.

Nochmals: Ein einzelner Trade ist nicht ausschlaggebend, es kommt immer auf die Gesamtsumme an!

Und die Gesamtsumme wollen wir durch das Money-Management kontinuierlich erhöhen. Auch das haben wir hinreichend erörtert, und Sie kennen bereits eine Reihe von Stellschrauben, mit denen Sie hier arbeiten können. Lassen Sie uns an diesem Punkt noch etwas tiefer einsteigen.

Wie können Sie Ihre Kapitalbasis erhöhen? Wie können Sie sich die besprochenen Mechanismen zunutze machen, um Ihr Handelskonto anwachsen zu lassen?

Wir haben im Zuge der Berechnung der Positionsgröße festgehalten, dass der prozentuale Ansatz in Bezug auf das Handelskonto der für uns zielführende ist. Indem Sie den prozentualen Betrag in Bezug auf Ihr Handelskonto fixieren, halten Sie den absoluten Betrag variabel. Beispielsweise riskieren Sie immer ein Prozent Ihres Handelskontos. Wir hatten in diesem Zusammenhang auch verdeutlicht, dass diese Vorgehensweise wie Bremse und Gaspedal auf Ihr Handelskonto wirkt. Erhöht sich Ihr Konto, weil Sie eine Phase mit wiederholten Gewinnen haben, dann erhöht sich auch Ihr absoluter Einsatz mit jedem neuen Trade. Einfach deshalb, weil Ihr Handelskonto größer wird und sich damit die Basis, auf die die Ein-Prozent-Regel angewendet wird, erhöht. Sie schalten quasi den Turbo ein!

Der gleiche Effekt wirkt natürlich auch umgekehrt. Sobald eine Phase mit Verlusten eintritt, bremst die prozentuale Fixierung den finanziellen Niedergang mit jedem neuen Trade. Von Position zu Position wird der absolute Risikobetrag geringer. Solange, bis eine Trendwende eintritt und Sie wieder Gewinne realisieren.

Allein diese Betrachtung ist es wert, grün unterstrichen zu werden. Richtig interessant wird es allerdings, wenn Sie sich die Gesetze der Mathematik in diesem Zusammenhang bewusst machen. Denn Sie können diesen Effekt von Bremse und Gaspedal nutzen, um Ihr Handelskonto konsequent aufzubauen und zu vergrößern!

Um den Beruf eines professionellen Traders wirklich ausüben zu können, brauchen Sie eine gewisse finanzielle Basis. Anhand der Beispielkonten von Martina, Klaus und Peter haben Sie sicher bereits festgestellt, dass keines der drei Konten dazu geeignet ist, allein für sich genommen ein dauerhaftes Einkommen durch Trading sicherzustellen.

In diesem Zusammenhang können wir uns ja einmal anschauen, wie viel Einkommen denn überhaupt in den verschiedenen Kontogrößen möglich ist, welche Kontogröße zu welchen Ergebnissen führen kann.

| Rendite pro Zeiteinheit | 10 % | 20 % | 30 % | 40 % | 50 % |
|---|---|---|---|---|---|
| | | | | | |
| Kontogröße: | Rendite | Rendite | Rendite | Rendite | Rendite |
| 5.000,00 € | 500,00 € | 1.000,00 € | 1.500,00 € | 2.000,00 € | 2.500,00 € |
| 15.000,00 € | 1.500,00 € | 3.000,00 € | 4.500,00 € | 6.000,00 € | 7.500,00 € |
| 25.000,00 € | 2.500,00 € | 5.000,00 € | 7.500,00 € | 10.000,00 € | 12.500,00 € |
| 50.000,00 € | 5.000,00 € | 10.000,00 € | 15.000,00 € | 20.000,00 € | 25.000,00 € |
| 100.000,00 € | 10.000,00 € | 20.000,00 € | 30.000,00 € | 40.000,00 € | 50.000,00 € |

***Abbildung 69: Die Renditetabelle vor Steuern***

Sie sehen, dass die oben aufgeführten fünf Kontogrößen schon sehr professionell und mit dauerhaft positiven Ergebnissen gehandelt werden müssen, um ein Leben als professioneller Trader zu gewährleisten. Natürlich wissen Sie am besten, wie viel Rendite Sie pro Zeiteinheit erwirtschaften können. Und es macht natürlich einen Unterschied, ob Sie zehn Prozent Rendite pro Tag, Woche, Monat oder Jahr erwirtschaften. Selbst wenn Sie zehn Prozent Rendite – also Gewinn – im Jahr durch Ihr Trading erzielen, ist das mehr als respektabel. Finanzielle Unabhängigkeit werden Sie mit den oben aufgeführten Kontogrößen aus dem Stand aber nicht erreichen.

Das Ganze verschärft sich noch unter der Berücksichtigung der abzuziehenden Steuer. Dann verringert sich das Ergebnis noch entsprechend. Um die Betrachtung einfach zu halten, verzichten wir für den Moment auf diese Darstellung. Sie können die steuerlichen Auswirkungen auf Ihre Trading-Ergebnisse aber auf einfache Art und Weise in Ihren eigenen Berechnungen durchführen.

Vielleicht sagen Sie jetzt: »Zehn Prozent? Das mache ich doch pro Woche!« Dann beachten Sie bitte auch, dass die Märkte Phasen haben, in denen viel Bewegung ist, und dann wiederum Phasen aufweisen, in denen wenig Bewegung ist. Wovon wollen Sie sich in diesen schwachen Phasen ernähren? Setzen Sie sich nicht selbst unter Druck und traden Sie nicht unter Zwang! Das wird sich unmittelbar auf Ihre Ergebnisse auswirken. Und zwar negativ. Was wiederum Ihre finanzielle Basis reduziert und Sie noch mehr unter Zugzwang setzt.

Vielleicht mögen die oben genannten Kontogrößen nicht direkt geeignet sein, ein komfortables Leben als Trader zu führen. Doch sie sind allesamt eine gute Ausgangsbasis, um damit zu beginnen, sich eine solche Kontogröße zu erwirtschaften.

Stellen Sie sich in diesem Zusammenhang einfach vor, Sie erwirtschaften dauerhaft – also Jahr um Jahr – eine Rendite von zehn Prozent oder sogar 25 Prozent. Sie gehen weiterhin Ihrem Beruf nach und lassen die erzielten Gewinne auf Ihrem Handelskonto liegen. Was meinen Sie, wie wird sich Ihr Konto entwickeln?

Lassen Sie uns anschauen, wie sich Ihr Konto entwickelt, wenn Sie mit, sagen wir, 10.000 Euro Handelskapital starten. Um die Betrachtung für Sie anschaulicher zu gestalten, führen wir sie unter der steuerlichen Gesetzgebung durch, die aktuell in Deutschland gilt. Zum Zeitpunkt der Entstehung dieses Buches gilt eine Kapitalertragssteuer in Höhe von 25 Prozent zuzüglich Solidaritätszuschlag. Die noch aufzuschlagende Kirchensteuer lassen wir aus unseren Betrachtungen heraus, da sie nicht einheitlich darstellbar ist. Insgesamt sind damit 26,375 Prozent als Steuer von den erzielten Gewinnen abzuziehen.

Welche Ergebnisse lassen sich unter diesen Umständen erzielen?

| Zeit-einheit | Anfangskapital | Rendite | Steuer | Endkapital Zeiteinheit |
|---|---|---|---|---|
| 1 | 10.000,00 € | 736,25 € | 194,19 € | 10.736,25 € |
| 2 | 10.736,25 € | 790,46 € | 208,48 € | 11.526,71 € |
| 3 | 11.526,71 € | 848,65 € | 223,83 € | 12.375,36 € |
| 4 | 12.375,36 € | 911,14 € | 240,31 € | 13.286,50 € |
| 5 | 13.286,50 € | 978,22 € | 258,01 € | 14.264,71 € |
| 6 | 14.264,71 € | 1.050,24 € | 277,00 € | 15.314,95 € |
| 7 | 15.314,95 € | 1.127,56 € | 297,39 € | 16.442,52 € |
| 8 | 16.442,52 € | 1.210,58 € | 319,29 € | 17.653,10 € |
| 9 | 17.653,10 € | 1.299,71 € | 342,80 € | 18.952,81 € |
| 10 | 18.952,81 € | 1.395,40 € | 368,04 € | 20.348,21 € |
| 11 | 20.348,21 € | 1.498,14 € | 395,13 € | 21.846,34 € |
| 12 | 21.846,34 € | 1.608,44 € | 424,23 € | 23.454,78 € |
| 13 | 23.454,78 € | 1.726,86 € | 455,46 € | 25.181,64 € |
| 14 | 25.181,64 € | 1.854,00 € | 488,99 € | 27.035,64 € |
| 15 | 27.035,64 € | 1.990,50 € | 524,99 € | 29.026,14 € |
| 16 | 29.026,14 € | 2.137,05 € | 563,65 € | 31.163,19 € |
| 17 | 31.163,19 € | 2.294,39 € | 605,15 € | 33.457,58 € |
| 18 | 33.457,58 € | 2.463,31 € | 649,70 € | 35.920,89 € |
| 19 | 35.920,89 € | 2.644,68 € | 697,53 € | 38.565,57 € |
| 20 | 38.565,57 € | 2.839,39 € | 748,89 € | 41.404,95 € |
| 21 | 41.404,95 € | 3.048,44 € | 804,03 € | 44.453,39 € |
| 22 | 44.453,39 € | 3.272,88 € | 863,22 € | 47.726,28 € |
| 23 | 47.726,28 € | 3.513,85 € | 926,78 € | 51.240,12 € |
| 24 | 51.240,12 € | 3.772,55 € | 995,01 € | 55.012,68 € |
| 25 | 55.012,68 € | 4.050,31 € | 1.068,27 € | 59.062,99 € |
| 26 | 59.062,99 € | 4.348,51 € | 1.146,92 € | 63.411,50 € |
| 27 | 63.411,50 € | 4.668,67 € | 1.231,36 € | 68.080,17 € |
| 28 | 68.080,17 € | 5.012,40 € | 1.322,02 € | 73.092,57 € |
| 29 | 73.092,57 € | 5.381,44 € | 1.419,35 € | 78.474,01 € |
| 30 | 78.474,01 € | 5.777,65 € | 1.523,85 € | 84.251,66 € |

*Abbildung 70: Ein Handelskonto, das mit 10.000 Euro startet und Jahr für Jahr 10 Prozent Rendite erwirtschaftet, kann nach 30 Jahren auf einen Betrag von mehr als 80.000 Euro nach Steuern anwachsen.*

Wenn Sie jedes Jahr zehn Prozent durch Ihr Trading erwirtschaften, dann können Sie in 30 Jahren ein Konto von mehr als 80.000 Euro aufbauen. Das sieht doch eigentlich schon mal ganz gut aus. Und mit diesem Ergebnis schlagen Sie die gängigen Kapitalanlagen bereits um Längen. Vielleicht erreichen Sie aber die zehn Prozent pro Quartal? Oder tatsächlich im Monat?

Wie sieht denn das Ergebnis aus, wenn Sie Jahr für Jahr eine Rendite in Höhe von 25 Prozent erwirtschaften?

Was bedeutet das für Sie? Natürlich ist dieses Ergebnis nicht selbstverständlich. Auch wenn wir bereits mehrfach dargestellt haben, dass ein Ergebnis in Höhe von 25 Prozent durchaus möglich ist, wenn Sie die Elemente der »Money-Management-Matrix« optimieren und auf die Qualität Ihrer Trades achten. Überlegtes Handeln und bewusstes Agieren sind die Schlüssel zum Erfolg.

Grundvoraussetzung ist natürlich immer eine entsprechende profitable Strategie. Das haben wir immer wieder angesprochen. In letzter Konsequenz sind das Wichtigste aber Sie. Denn Sie sind der ausführende Trader. Es kommt auf Sie an, diesen Betrag zu erwirtschaften. Das bedeutet auch, mit dem anwachsenden absoluten Risiko umgehen zu können. Als Beispiel: Wenn Sie immer ein Risiko in Höhe von einem Prozent Ihres Handelskontos pro Trade eingehen, dann sind das bei 10.000 Euro Handelskonto überschaubare 100 Euro. Wenn Ihr Konto aber anwächst und Sie dann bei 100.000 Euro angekommen sind, dann sprechen wir schon von 1.000 Euro absolutem Risiko. Wenn Sie bei 500.000 Euro Kontogröße angekommen sind, sind das schon 5.000 Euro Risiko pro Trade. Prozentual gesehen haben wir hier immer noch ein Risiko von einem Prozent. Doch die Bezugsgröße hat sich erheblich erhöht. Damit müssen Sie umgehen können. Denn die Erreichung der oben dargestellten Werte kann nur gewährleistet werden, wenn Sie sich auch strikt und diszipliniert an den Plan halten. Sobald Sie von Ihrem Plan abweichen, riskieren Sie Ihr Gesamtergebnis.

| Zeit-einheit | Anfangskapital | Rendite | Steuer | Endkapital Zeiteinheit |
|---|---|---|---|---|
| 1 | 10.000,00 € | 1.840,63 € | 485,46 € | 11.840,63 € |
| 2 | 11.840,63 € | 2.179,42 € | 574,82 € | 14.020,04 € |
| 3 | 14.020,04 € | 2.580,56 € | 680,62 € | 16.600,60 € |
| 4 | 16.600,60 € | 3.055,55 € | 805,90 € | 19.656,15 € |
| 5 | 19.656,15 € | 3.617,96 € | 954,24 € | 23.274,11 € |
| 6 | 23.274,11 € | 4.283,89 € | 1.129,88 € | 27.558,00 € |
| 7 | 27.558,00 € | 5.072,40 € | 1.337,84 € | 32.630,40 € |
| 8 | 32.630,40 € | 6.006,03 € | 1.584,09 € | 38.636,43 € |
| 9 | 38.636,43 € | 7.111,52 € | 1.875,66 € | 45.747,95 € |
| 10 | 45.747,95 € | 8.420,48 € | 2.220,90 € | 54.168,43 € |
| 11 | 54.168,43 € | 9.970,38 € | 2.629,69 € | 64.138,81 € |
| 12 | 64.138,81 € | 11.805,55 € | 3.113,71 € | 75.944,36 € |
| 13 | 75.944,36 € | 13.978,51 € | 3.686,83 € | 89.922,87 € |
| 14 | 89.922,87 € | 16.551,43 € | 4.365,44 € | 106.474,30 € |
| 15 | 106.474,30 € | 19.597,93 € | 5.168,95 € | 126.072,22 € |
| 16 | 126.072,22 € | 23.205,17 € | 6.120,36 € | 149.277,39 € |
| 17 | 149.277,39 € | 27.476,37 € | 7.246,89 € | 176.753,76 € |
| 18 | 176.753,76 € | 32.533,74 € | 8.580,77 € | 209.287,50 € |
| 19 | 209.287,50 € | 38.521,98 € | 10.160,17 € | 247.809,48 € |
| 20 | 247.809,48 € | 45.612,43 € | 12.030,28 € | 293.421,91 € |
| 21 | 293.421,91 € | 54.007,97 € | 14.244,60 € | 347.429,88 € |
| 22 | 347.429,88 € | 63.948,81 € | 16.866,50 € | 411.378,69 € |
| 23 | 411.378,69 € | 75.719,39 € | 19.970,99 € | 487.098,08 € |
| 24 | 487.098,08 € | 89.656,49 € | 23.646,90 € | 576.754,57 € |
| 25 | 576.754,57 € | 106.158,89 € | 27.999,41 € | 682.913,46 € |
| 26 | 682.913,46 € | 125.698,76 € | 33.153,05 € | 808.612,22 € |
| 27 | 808.612,22 € | 148.835,19 € | 39.255,28 € | 957.447,41 € |
| 28 | 957.447,41 € | 176.230,16 € | 46.480,71 € | 1.133.677,57 € |
| 29 | 1.133.677,57 € | 208.667,53 € | 55.036,06 € | 1.342.345,10 € |
| 30 | 1.342.345,10 € | 247.075,39 € | 65.166,14 € | 1.589.420,49 € |

*Abbildung 71: Ein Handelskonto, das mit 10.000 Euro startet und Jahr für Jahr 25 Prozent Rendite erwirtschaftet, kann nach 30 Jahren auf einen Betrag von mehr als 1,5 Millionen Euro nach Steuern anwachsen.*

Warum wir uns so intensiv mit diesen Zahlen beschäftigen? Um Ihnen ein Gefühl dafür zu geben, wie viel sich auch aus einem überschaubaren Betrag machen lässt, wenn man diszipliniert eine Strategie verfolgt und auf die Qualität seiner Trades achtet. Wenn Sie in diesem Zusammenhang die Mechanismen der »Money-Management-Matrix« berücksichtigen und die Elemente gemäß Ihren Voraussetzungen optimieren, dann sind Sie auf dem besten Weg, Ihr Ziel zu erreichen. Denn den Rest macht dann die Finanzmathematik für Sie:

»Der Zinseszinseffekt ist das achte Weltwunder.«
*Mayer Amschel Rothschild*

Das Wichtigste in Kürze zusammengefasst:

> Ein professionelles Risiko- und Money-Management kann Sie vor schädlichen Emotionen im Trading bewahren.

> Die prozentuale Fixierung des Risikos in Bezug auf Ihr Handelskonto wirkt wie Bremse und Gaspedal. In guten Phasen beschleunigen Sie, in schwierigen Phasen bremsen Sie automatisch ab.

> Der Zinseszinseffekt kann auch kleine Handelskonten zu erheblichen Summen anwachsen lassen. Machen Sie sich diesen Effekt zunutze!

simplified

# Schlusswort

Geschätzte Leser! Wir sind am Ende unserer Betrachtungen angelangt, und ich hoffe, Sie konnten einige Anregungen aus diesem Buch für Ihre persönliche Trading-Praxis mitnehmen.

Wir haben uns über viele Punkte Gedanken gemacht, und ausgehend vom Leben allgemein sind wir zum Trading an den Finanzmärkten gekommen. Bei der Betrachtung der Märkte im Rückblick hatten wir festgehalten, dass ein Risiko-Management doch keine ganz so schlechte Idee ist, wenn Sie morgen noch weiter aktiv im Trading dabei sein wollen. Und genau dies wünsche ich Ihnen. Setzen Sie das Gelesene und Erlernte wirklich um und arbeiten Sie intensiv damit. Schützen Sie Ihre wertvolle Kapitalbasis und bauen Sie diese kontinuierlich auf. Stück für Stück, bis Sie Ihr persönliches Trading-Ziel erreicht haben. Nutzen und optimieren Sie dabei die Elemente der »Money-Management-Matrix« und suchen Sie stetig nach Verbesserung der einzelnen Komponenten.

Mein Anliegen in diesem Buch war es, Ihnen zu zeigen, dass Trading kein Hexenwerk ist. Um ein ansehnliches Ergebnis zu erzielen, müssen Sie nicht übermäßig viele Trades eröffnen oder besonders exotische Strategien umsetzen. Vom Eingehen eines überproportionalen Risikos ganz zu schweigen.

Denken Sie immer daran: Wenn Sie bei einem einzugehenden Positionsrisiko in Höhe von einem Prozent Ihres Handelskontos 100 Trades mit einer Trefferquote von 50 Prozent und einem realisierten Chance-Risiko-Verhältnis von 1,5 umsetzen, dann ergibt das ein Gesamtergebnis von 25 Prozent Kapitalzuwachs! Und Sie haben im vorherigen Kapitel gesehen, wohin Sie ein Kapitalzuwachs in Höhe von 25 Prozent bringen kann, wenn Sie diesen regelmäßig erzielen. Um dieses Ziel zu erreichen, kann es für Sie ab sofort nur einen Grundsatz geben: Qualität vor Quantität!

Was Sie dazu benötigen, ist eine solide Trading-Strategie, die Kenntnis Ihrer eigenen Vorlieben und Herausforderungen im Trading sowie Disziplin. Sehr gerne unterstütze ich Sie mit der »Torero Traders School« dabei, diese und andere Punkte aufzubauen, zu entwickeln und beizubehalten.

Kommen Sie diesbezüglich gerne auf mich zu. Ich freue mich jederzeit über Ihre Fragen, Ihre Anregungen und Ihr Feedback. Sie erreichen mich über die Website der Torero Traders School oder unter *get-ready@torero-traders-school.com*.

In diesem Sinne wünsche ich Ihnen immer gute Trades und viel Erfolg auf dem Weg zu Ihrem persönlichen Trading-Ziel!

Ihr Wieland Arlt

# Über den Autor

Dipl.-Volkswirt Wieland Arlt ist aktiver Trader sowie zertifizierter Coach und Trainer. Er blickt auf mehr als zehn Jahre Erfahrung im aktiven Trading zurück und hat in dieser Zeit wertvolle Erfahrungen in den Finanzmärkten sammeln können.

Seit 2010 zählt Wieland Arlt zum Autorenteam des Magazins *Traders'*. Seine Artikel finden im In- und Ausland eine breite Leserschaft. Auf Fachmessen ist er ein gefragter Redner und fachkundiger Gesprächspartner.

Als aktiver Trader, Coach und Trainer ist ihm in der Trader-Ausbildung die Vermittlung von einfach verständlichen und damit auch leicht umsetzbaren Handelsansätzen wichtig. Gerade die Berücksichtigung der individuellen Voraussetzungen eines jeden Traders nimmt in seinen Ausbildungen einen großen Stellenwert ein.

In seiner »Torero Traders School« kombiniert Wieland Arlt auf einzigartige Weise bewährte Trading-Konzepte und erlebtes Praxiswissen mit seinen Erfahrungen als Management-Trainer.

Sein erklärtes Ziel in allen Ausbildungen ist es, Trader dabei zu unterstützen, ihre finanziellen Ziele selbstbestimmt zu erreichen und nachhaltig erfolgreich an den Finanzmärkten zu handeln.

Wieland Arlt ist unter *get-ready@torero-traders-school.com* zu erreichen.

simplified

# Stichwortverzeichnis